Signos Solares

Descubriendo los Secretos de los 12 Signos del Zodíaco en la Astrología Occidental para Comprender los Tipos de Personalidad

© Copyright 2021

Todos los derechos reservados. Ninguna parte de este libro puede ser reproducida de ninguna forma sin el permiso escrito del autor. Los revisores pueden citar breves pasajes en las reseñas.

Descargo de responsabilidad: Ninguna parte de esta publicación puede ser reproducida o transmitida de ninguna forma o por ningún medio, mecánico o electrónico, incluyendo fotocopias o grabaciones, o por ningún sistema de almacenamiento y recuperación de información, o transmitida por correo electrónico sin permiso escrito del editor.

Si bien se ha hecho todo lo posible por verificar la información proporcionada en esta publicación, ni el autor ni el editor asumen responsabilidad alguna por los errores, omisiones o interpretaciones contrarias al tema aquí tratado.

Este libro es solo para fines de entretenimiento. Las opiniones expresadas son únicamente las del autor y no deben tomarse como instrucciones u órdenes de expertos. El lector es responsable de sus propias acciones.

La adhesión a todas las leyes y regulaciones aplicables, incluyendo las leyes internacionales, federales, estatales y locales que rigen la concesión de licencias profesionales, las prácticas comerciales, la publicidad y todos los demás aspectos de la realización de negocios en los EE. UU., Canadá, Reino Unido o cualquier otra jurisdicción es responsabilidad exclusiva del comprador o del lector.

Ni el autor ni el editor asumen responsabilidad alguna en nombre del comprador o lector de estos materiales. Cualquier desaire percibido de cualquier individuo u organización es puramente involuntario.

Índice de Contenidos

INTRODUCCIÓN	1
CAPÍTULO UNO: ARIES – EL CARNERO	8
Rasgos de Personalidad	9
Compatibilidad	10
Amor	11
Otras Relaciones	12
Trabajo	13
Llevarse Bien con un Aries	14
CAPÍTULO DOS: TAURO – EL TORO	16
Rasgos de Personalidad	17
Compatibilidad	18
Amor	19
Otras Relaciones	20
Trabajo	21
Llevarse Bien con un Tauro	22
CAPÍTULO TRES: GÉMINIS – LOS GEMELOS	24
Rasgos de Personalidad	25
Compatibilidad	26
Amor	27

Otras Relaciones 28

Trabajo 29

Llevarse Bien con un Géminis 31

CAPÍTULO CUATRO: CÁNCER – EL CANGREJO 32

Rasgos de Personalidad 33

Compatibilidad 34

Amor 35

Otras Relaciones 36

Trabajo 37

Llevarse Bien con un Cáncer 38

CAPÍTULO CINCO: LEO – EL LEÓN 40

Rasgos de Personalidad 41

Compatibilidad 42

Amor 43

Otras Relaciones 44

Trabajo 45

Llevarse Bien con un Leo 46

CAPÍTULO SEIS: VIRGO – LA VIRGEN 48

Rasgos de Personalidad 49

Compatibilidad 50

Amor 51

Otras Relaciones 52

Trabajo 53

Llevarse Bien con un Virgo 54

CAPÍTULO SIETE: LIBRA – LA BALANZA 56

Rasgos de Personalidad 57

Compatibilidad 58

Amor 60

Otras Relaciones 61

Trabajo 62

Llevarse Bien con un Libra 63

CAPÍTULO OCHO: ESCORPIO – EL ESCORPIÓN 64
- Rasgos de Personalidad 65
- Compatibilidad 67
- Amor 68
- Otras Relaciones 69
- Trabajo 70
- Llevarse Bien con un Escorpio 71

CAPÍTULO NUEVE: SAGITARIO – EL ARQUERO 73
- Rasgos de Personalidad 74
- Compatibilidad 75
- Amor 77
- Otras Relaciones 78
- Trabajo 79
- Llevarse Bien con un Sagitario 79

CAPÍTULO DIEZ: CAPRICORNIO – LA CABRA MARINA 81
- Rasgos de Personalidad 82
- Compatibilidad 84
- Amor 85
- Otras Relaciones 86
- Trabajo 87
- Llevarse Bien con un Capricornio 88

CAPÍTULO ONCE: ACUARIO – EL AGUADOR 89
- Rasgos de Personalidad 90
- Compatibilidad 91
- Amor 92
- Otras Relaciones 93
- Trabajo 94
- Llevarse Bien con un Acuario 95

CAPÍTULO DOCE: PISCIS – EL PEZ 96
- Rasgos de Personalidad 97
- Compatibilidad 98

- Amor 100
- Otras Relaciones 100
- Trabajo 101
- Llevarse Bien con un Piscis 102

CONCLUSIÓN 103
VEA MÁS LIBROS ESCRITOS POR MARI SILVA 105
REFERENCIAS 106

Introducción

Para la mayoría de las personas, la astrología horoscópica es poco más que una fuente de entretenimiento y algo para ayudarles a pasar el tiempo. Esto a menudo se trata de leer el horóscopo diario con una taza de café o comparándolo con los eventos del día. Esto es desafortunado, porque ni siquiera rasca la superficie de lo que su signo del zodíaco puede decir sobre usted y lo que los signos de los demás pueden decir sobre ellos.

Todo el mundo conoce su signo astrológico del zodíaco, y la mayoría de la gente, en algún momento, hablará de sus signos con alguien como una forma de conversación trivial. El interés no va más allá de ello. Un error común sobre los signos del zodíaco y el horóscopo es que se tratan de adivinación. En realidad, hay mucho más de lo que parece cuando se trata de su signo zodiacal. Una de las cosas más importantes acerca de los doce signos del zodíaco es cómo se relacionan con los tipos de personalidad, y cómo pueden ayudarnos a comprender mejor a las personas y sus sentimientos y acciones.

El primer paso para comprender mejor los signos del zodíaco es aprender que hay tres grupos, incluidos los signos solares, que discutiremos en este libro, así como los signos lunares y los signos ascendentes. Cada persona tiene un signo en cada una de estas tres clasificaciones, y los astrólogos más comprometidos usarán los tres para crear el perfil lo más detallado posible de una persona. La astrología de los signos solares, que se concentra en los doce signos del zodíaco, es esencialmente una forma simplificada de hacer las cosas, característica de la astrología occidental.

Sin embargo, esto no significa que no sea un sistema sofisticado. La astrología occidental tiene sus raíces en la antigua Mesopotamia y Grecia y, como tal, tiene más de 2000 años de antigüedad. Los babilonios y los griegos son las culturas que reciben la mayor parte del crédito en lo que respecta al desarrollo temprano del sistema, pero otras también han contribuido de manera importante a preservarlo, como los romanos y los árabes. Gran parte de lo que se ha conservado de la antigua astrología helenística se debe a los registros mantenidos por Ptolomeo, un matemático, astrónomo, astrólogo y geógrafo, en el siglo 2 e. c. Esto ahora se conoce como astrología accidental y es ampliamente utilizada.

En ese sentido, los signos astrológicos son los doce signos que representan sectores de 30 grados de la eclíptica (el plano de la órbita de la Tierra alrededor del sol). Los signos comienzan en algo llamado *equinoccio de primavera* con el signo de Aries. Sin entrar en demasiados detalles, los signos se basan en constelaciones individuales visibles dentro del zodíaco. Este es el nombre que se le ha dado a un cinturón o área en particular que podemos observar en el cielo, ocho grados al norte o al sur de la eclíptica.

Esta es la trayectoria del sol a través de la *esfera celeste* en el transcurso de un año o, más precisamente, el año tropical, que es el tiempo que tarda el sol en encontrar su camino de regreso a la misma posición. Esto se relaciona a lo que podemos ver desde aquí en la Tierra. Dentro de ese mismo cinturón del zodíaco, podemos observar los caminos de la luna y los planetas, todos los cuales son importantes para la astrología occidental. Sin embargo, lo que es el zodíaco en sí y todos los detalles astronómicos que juegan un papel en la astrología merecen un libro propio. Este libro se centrará en las formas prácticas en que estos diferentes factores pueden afectarnos a nivel personal. Antes de profundizar en los doce signos, aclaremos algunas cosas más sobre cuáles son los diferentes signos y qué aspectos, características y clasificaciones adicionales de estos signos usan los astrólogos para obtener una imagen clara de la carta natal de una persona, y cómo le afecta.

Cuando nace una persona, las estrellas, los planetas y el sol estarán en ciertas posiciones cuando son observados desde la Tierra, lo que determinará la *carta natal* de esa persona. Así es cómo se identifican los signos del sol, la luna y ascendentes de una persona.

Como mencionamos brevemente, el signo solar es el que todos conocen. Como su nombre indica, el signo solar está determinado por el signo del zodíaco en el que se puede observar el sol en su fecha de nacimiento. En cada signo, el sol se relaciona con la Tierra de manera diferente, afectándonos a todos. En algunos signos, el sol está más lejos o es visible durante menos horas al día, mientras que, en otros, nuestra estrella que sostiene la vida está en su estado más poderoso y radiante. Basándose en estas y otras propiedades relacionadas con cada uno de los doce signos, se nos otorgan ciertos rasgos y características al nacer, exactamente lo que estudia la *astrología de los signos solares*.

La posición de la luna determina su signo lunar. Este signo influye en el lado más sutil y oscuro de su naturaleza e identidad. El signo lunar puede influir en sus características emocionales, especialmente aquellas que no siempre puede expresar, aquellas que permanecen ocultas. Piense en cosas como su monólogo interior, pensamientos, intuición y otras cosas que todos escuchamos en nuestras mentes y corazones.

Los signos ascendentes son quizás de los que menos ha oído hablar. Su signo ascendente se puede describir más acertadamente como su *yo social*, y es el que estaba en el horizonte oriental al momento de su nacimiento. El signo es su yo social porque es la manifestación de cómo se presenta al mundo. Prácticamente todo el mundo hace esto hasta cierto punto: se visten de cierta manera, adoptan estilos y eligen qué partes de su verdadera personalidad quieren revelar. Las cosas que elige mostrar dicen mucho sobre usted y sus prioridades, por lo que muchos astrólogos piensan que este es un importante signo a considerar.

Su signo solar será suficiente para determinar los rasgos principales de su signo. Hay muchas razones por las que es importante comprender los signos del zodíaco, especialmente su signo solar. Por un lado, obtendrá una mejor comprensión de sus fortalezas y debilidades mientras simultáneamente aprende a aprovecharlas al máximo. Obtendrá la misma información sobre otras personas, lo que le ayudará a lidiar con los conflictos de una manera más saludable, a empatizar más, y a mejorar sus relaciones existentes.

Elementos

A medida que exploramos los detalles y rasgos de cada uno de los doce signos, será mucho más claro cómo entran en juego los elementos, la modalidad y otras clasificaciones. Por ahora, comencemos señalando que hay cuatro elementos, los que son fuego, tierra, aire y agua. Estos elementos son iguales en importancia y poder, pero todos gobiernan áreas diferentes y tienen características únicas. Estos cuatro elementos también se denominan *elementos clásicos* porque fueron identificados y descritos por Empédocles, un filósofo griego en el siglo 5 a. e. c.

Cada uno de los doce signos del zodíaco está imbuido de uno de estos cuatro elementos, y estos cuatro están distribuidos por igual entre los doces. Las clasificaciones elementales de los signos se dividen a su vez en dos grupos de acuerdo a su polaridad, siendo positivos los signos de fuego y aire, mientras que los signos de agua y tierra son negativos. Entre los signos positivos, los signos de fuego incluyen Aries, Leo y Sagitario, mientras que los signos de aire incluyen Géminis, libra y Acuario. En cuanto a los signos negativos, los signos de tierra son Tauro, Virgo y Capricornio, mientras que Cáncer, Escorpio y Piscis tienen el agua como su elemento. A medida que exploramos los diferentes signos, consideraremos cómo los respectivos elementos influyen en cada signo.

Modalidad

Entre los cuatro elementos, cada uno incluye tres modalidades, que son cardinales, fijas y mutables. Cada modalidad influye en cuatro signos y determina mucho sobre su naturaleza. Los signos cardinales son Aries, Cáncer, Libra y Capricornio. Estos signos también se denominan signos de reacción o reactivos. El nombre de esta clase de signos sugiere que son "importantes", simbolizados por el hecho de que cada signo marca el comienzo de una nueva estación.

En cuanto a los signos de modalidad fija, estos incluyen Tauro, Leo, Escorpio y Acuario. La modalidad fija se asocia con estabilidad, voluntad firme, profundidad y otras características. Una forma en que la modalidad fija afecta estos signos es haciéndolos más resistentes al cambio, pero más adelante aprenderá cómo eso se traduce en rasgos personales en cada signo.

Finalmente, hay cuatro signos mutables, incluidos Géminis, Virgo, Sagitario y Piscis. La modalidad mutable tiene principalmente una influencia opuesta sobre la de la modalidad fija. Estos signos son adaptables y flexibles, entre otras cosas. A estos signos les encanta experimentar e influir en el cambio. Lo que también es importante para estos signos es que cada uno de ellos marca el final de una estación.

Regencia Planetaria

Cada uno de los doce signos del zodíaco está regido por al menos un planeta del sistema solar. En los términos más simples, estas son relaciones especiales que los signos del zodíaco tienen con los cuerpos celestes en nuestro sistema. Cuando una persona nace bajo un determinado signo, la posición de estos planetas puede influirla de diversas formas. En la astrología occidental, cada signo tiene planetas gobernantes clásicos y modernos, que son iguales en todos excepto en tres, que son Escorpio, Acuario y Piscis. Además, cada planeta tiene sus propias propiedades y rasgos, generalmente encarnados en los dioses de muchas mitologías pasadas. La regencia planetaria para cada signo es:

- Aries - Marte
- Tauro - Venus
- Géminis - Mercurio
- Cáncer - Luna
- Leo - Sol
- Virgo - Mercurio
- Libra - Venus
- Escorpio - Plutón (Moderno) y Marte (Clásico)
- Sagitario - Júpiter
- Capricornio - Saturno
- Acuario - Urano (Moderno) y Saturno (Clásico)
- Piscis - Neptuno (Moderno) y Júpiter (Clásico)

En cuanto a los planetas, hay otros factores que los astrólogos consideran al mirar la carta natal de un individuo. Por ejemplo, un planeta puede estar exaltado o en detrimento de ciertos signos. La regencia no debe malinterpretarse en el sentido de que se garantiza que un planeta está en un determinado signo. Cuando un planeta está en un signo en el que se dice que está en detrimento, estará en un estado debilitado, lo que significa que no puede alcanzar su máximo potencial y, en última instancia, tendrá una influencia perjudicial en la persona nacida bajo tal ubicación. Pero un planeta se exaltará cuando se coloque en su signo de origen (domicilio), lo que significa que tendrá su máxima fuerza. Aprenderá más sobre esto más adelante en este libro.

Casas

Lo último que hay que aclarar antes de comenzar son las casas astrológicas, que es otro sistema de dividir el horóscopo, esta vez en doce partes. Las posiciones de estas casas están determinadas por la ubicación física y hora del día en lugar de una fecha. Por lo tanto, las casas son otro factor importante que los astrólogos consideran al crear la carta natal de alguien. La clasificación es bastante simple, delineando doce casas desde la primera a la duodécima, todas las cuales corresponden a los doce signos del zodíaco. La siguiente es una lista de las casas astrológicas, sus correspondientes signos del zodíaco y una variación respectiva de su título:

- La Primera Casa - Aries - Casa del Yo
- La Segunda Casa - Tauro - Casa del Valor
- La Tercera Casa - Géminis - Casa de Compartir
- La Cuarta Casa - Cáncer - Casa del Hogar y la Familia
- La Quinta Casa - Leo - Casa del Placer
- La Sexta Casa - Virgo - Casa de la Salud
- La Séptima Casa - Libra - Casa del Equilibrio
- La Octava Casa - Escorpio - Casa de la Transformación
- La Novena Casa - Sagitario - Casa de la Filosofía
- La Décima Casa - Capricornio - Casa del Emprendimiento
- La Undécima Casa - Acuario - Casa de las Bendiciones
- La Duodécima Casa - Piscis - Casa del Sacrificio

Capítulo Uno: Aries – El Carnero

Experimentación, audacia, independencia, honor e iniciativa son los rasgos más pronunciados que marcan la naturaleza de Aries. Aries es un signo de fuego regido por Marte mientras rige la primera casa, que son aspectos que determinan la naturaleza fogosa y testaruda del signo. Es por eso que el símbolo astrológico de Aries, que es el carnero, es tan adecuado.

Aunque Aries es el primero de los doce signos del zodíaco, la fecha de nacimiento del signo se ubica aproximadamente entre el 21 de marzo y el 19 de abril. La modalidad del carnero es cardinal, lo que determina muchos de sus rasgos distintivos, especialmente aquellos que impactan la forma en que se relacionan con los demás. Al igual que los otros tres signos cardinales, Aries marca el comienzo de una nueva estación. Dado que esa estación es la primavera, esto generalmente se interpreta como una de las fuentes de los altos niveles de energía, motivación y liderazgo de Aries. Pero el elemento fuego de Aries alimenta las otras características del signo, como la asertividad, la pasión y la impulsividad ocasional.

Si bien Marte lo rige, Aries también está bajo la influencia de muchos otros planetas de diferentes maneras. Por ejemplo, según el Thema Mundi, la antigua carta natal helénica, Aries se ubica en el medio cielo de la carta (parte superior). De acuerdo a esta interpretación, esta posición coloca a Aries de tal manera que garantiza que obtendrá la mayor cantidad de energía del sol. Aries también tiene un regente moderno y secundario representado por Plutón, al igual que otros signos, como aprenderá más adelante. La influencia perjudicial puede ocurrir cuando Venus o Saturno están en Aries. Por lo tanto, el planeta perjudicial de Aries es principalmente Venus, mientras que su cuerpo celeste exaltado es el sol mismo.

Rasgos de Personalidad

Las personas nacidas bajo el signo Aries tienden a ser duras, lo que los convierte en líderes fuertes y dan a conocer su presencia dondequiera que vayan. A menudo son personajes imponentes con mucha energía y carisma, que contagian a las personas que encuentran. Esta impresión puede ser positiva o negativa, dependiendo de varios contextos y los rasgos de las personas con las que interactúan.

Aries es la persona que siempre prefiere tomar la iniciativa, abrir nuevos caminos y abrir el camino a los demás. Esto también significa que son muy independientes y autosuficientes, mientras que, al mismo tiempo, suelen estar guiados por un fuerte sentido del honor. Debido a la modalidad cardinal de este signo, Aries también tiende a ser racional y fácil de razonar. Debido a su combinación de liderazgo y coraje, los carneros son las personas que trazan el camino y se atreven a pisar donde otros no lo han hecho. Esto también significa que Aries corre riesgos, lo que a menudo se traduce en éxito en muchos ámbitos de la vida. Su coraje se debe a la regencia de Marte. Los Aries son generalmente personas con una perspectiva muy positiva de la vida, que tienen el optimismo y la fe para pensar siempre en una forma de resolver un problema, y la persistencia para seguir tratando hasta un resultado exitoso o hasta que se quedan sin opciones.

A pesar de su capacidad para ser razonables, la naturaleza valiente y dura del carnero a veces puede hacer que actúen con demasiada rapidez. En los términos más simples, se sabe que Aries es de mal genio. Es muy probable que a menudo tengan arrebatos verbales e incluso físicos. A pesar de que su razón es rápida para actuar y calmarlos, y que los carneros rara vez guardan rencor, sus arrebatos a veces pueden causar un daño severo a sus relaciones. Otro defecto potencial de Aries tiene que ver con su disposición a correr riesgos.

Cuando se descontrolan y se trastornan, el optimismo y el coraje del carnero pueden llevarlos por caminos peligrosos, tanto física como metafóricamente. Los carneros también suelen ser impacientes e inquietos, lo que puede traducirse en diversas dificultades. A muchos Aries les resultará difícil ceñirse a una sola cosa, ya sea una tarea, una actividad placentera o cualquier otra cosa. A menudo, un Aries querrá pasar a algo más estimulante antes de terminar con lo que sea en lo que ha estado trabajando.

Compatibilidad

La compatibilidad de Aries con otros Aries deja mucho que desear. Principalmente debido a su similitud, los Aries a menudo no son muy compatibles entre sí en el amor, pero puede haber excepciones. Las similitudes también pueden ser una base sólida para la amistad u otras formas de cooperación, por lo que indudablemente hay contextos donde Aries y Aries pueden funcionar adecuadamente.

En cuanto a los otros signos, Aries encontrará que algunos son muy agradables, mientras que otros pueden darles dificultades significativas. Generalmente, Aries es más compatible con Virgo, Sagitario y Piscis, especialmente en relaciones románticas. La compatibilidad con otros signos varía en cuanto a lo difícil que sea para el Aries llevarse bien con los demás, pero la mayoría de las relaciones funcionan con suficiente comprensión y esfuerzo.

A pesar de las cosas que a veces pueden salir mal, la naturaleza de Aries los hace muy sociables y, por lo general, son muy queridos. Debido a que son extrovertidos y comunicativos, los carneros son divertidos, y su energía tiene una forma de contagiarse a otras personas. Por dominantes que sean, los Aries siguen siendo magnánimos y, como dijimos, honorables. A menudo, esto los convierte en muy buenas parejas, amigos, compañeros de trabajo y conocidos.

Aries puede tener problemas con personas con poca paciencia por sus altos niveles de energía y su carácter imponente. Aquellos que son rebeldes por naturaleza pueden ponerse a la defensiva si sienten que la personalidad dominante de Aries es una amenaza para su independencia u orgullo. Tales encuentros pueden ser especialmente problemáticos si un Aries ha caído en algunas trampas sobre las que ha leído. En casos extremos, Aries puede volverse demasiado mandón o incluso convertirse en un matón. Cuando se encuentran con personas que quieren imponerse y oponerse, pueden surgir serios conflictos.

Amor

La naturaleza obstinada, valiente y fogosa del carnero suele ser bastante pronunciada en su vida amorosa y puede resultar impactante o refrescante para la otra parte. Si usted es carnero, es probable que ya haya experimentado este impulso. Como en cualquier otro ámbito de la vida, Aries no tiene problemas para entablar una relación, incluso si implica un riesgo o involucra muchos territorios inexplorados. Les darán una oportunidad a las cosas e intentarán hacerlas funcionar, especialmente si sienten una fuerte atracción por una persona.

Una vez en la relación con alguien, la apertura desenfrenada del carnero continuará. Aries expresará sus sentimientos de manera clara, en voz alta y sin miedo, y su enfoque será el mismo con el compromiso porque no tienen miedo de tomar en serio a una persona. Todo esto hace que Aries se apasione mucho en el amor y pueda proporcionar muchos momentos románticos. Además, la persona que experimente esta avalancha de amor de Aries se sentirá como si estuviera en la cima del mundo. Algunos signos disfrutarán de eso, pero otros que están más preocupados por las consecuencias y prefieran pensar a largo plazo pueden llegar a sentirse incómodos con la implacable carga de Aries.

Por otro lado, este enfoque desinhibido también puede conducir a un poco de ceguera, lo que puede ser algo hiriente y peligroso en el amor. Esto eventualmente puede conducir a problemas no solo para otras personas, sino también para los propios Aries. Aries tiene ese lado racional, pero, como mencionamos anteriormente, su naturaleza obstinada y dura a menudo los supera. Las cosas que el carnero le dice a una pareja y la franqueza de sus emociones pueden alimentar el amor ciego de esa otra persona. Esto es especialmente probable que suceda cuando la relación es entre dos carneros. Es por eso que Aries puede beneficiarse enormemente de una pareja calculadora y altamente racional, pero cuando todo esté dicho y hecho, Aries será una pareja altamente dinámica, apasionada, honesta y divertida.

Otras Relaciones

La lealtad de Aries es lo que los hace muy adeptos a todo tipo de relaciones que no sean románticas. Los carneros son grandes amigos y suelen ser muy devotos a su familia. Esto es cierto incluso cuando no se traduce en una relación funcional. Aries puede quedar atrapado en sus búsquedas mundanas y descuidar involuntariamente a las personas que le importan durante un tiempo antes de volver a recordarlas.

En la mente de Aries, nada está mal y la situación es normal, pero otros signos pueden tomar esa distancia en serio. Pero bajo la superficie, Aries no tendrá dudas acerca de dónde radica su lealtad. Aries es un signo apasionado que puede calentarse y perder la cabeza rápidamente. Este temperamento puede obstaculizar las relaciones, especialmente con los miembros de su familia. No estar de acuerdo con los padres, hermanos y otros seres queridos puede hacer que Aries se enfurezca y existan conflictos. Una vez más, sin embargo, Aries seguirá siendo leal y, cuando llegue el momento, estará allí para sus seres queridos.

Si tiene hijos Aries, debe considerar los rasgos que hemos discutido desde una edad temprana. Estos niños son extrovertidos, proactivos y tratarán de hacerse valer entre sus compañeros. A un niño Aries se le debe enseñar disciplina desde la edad más temprana posible porque esta naturaleza puede llevar a un niño Aries indisciplinado a muchos problemas. En la otra cara de esa moneda, Aries es un padre apasionado y devoto, pero su temperamento puede ser un problema. Los niños que requieren un enfoque paciente y calculado pueden sufrir si su padre Aries no aprende a ser menos reactivo, especialmente cuando son demasiado rápidos para aplicar castigos.

Finalmente, Aries no tendrá muchas dificultades para ser amigos dondequiera que vaya. Como Aries es un individuo apasionado que busca emociones y necesita cambios y espontaneidad, sus amigos deben saber cómo mantenerse al día para preservar la amistad.

Trabajo

Las profesiones perfectas de aries son aquellas en las que su individualidad, autosuficiencia, confianza, disposición a asumir riesgos y deseo de emociones puedan llevarse a cabo plenamente. Las carreras que no son estimulantes y dinámicas pueden sentirse como una sentencia de prisión para Aries. Sobre todo, Aries debe evitar trabajos que impliquen muchas rutinas y requieran que una persona dedique mucho tiempo a los pequeños detalles. La única forma en que Aries puede realizar este tipo de trabajo y mantener una apariencia de satisfacción es compensándolo con abundantes cantidades de aventura, ejercicio y emoción en su vida personal fuera del trabajo.

Como probablemente pueda deducir, los Aries tienden a sentirse como en casa en el ejército, la policía u otros trabajos de alta intensidad. Sin embargo, no es que solo esos trabajos sean estimulantes e intensos. Aries anhela el propósito simple y claro que estos trabajos pueden proporcionar y, a menudo, disfrutarán luchando por ese propósito. Otros servicios de emergencia también son llamadas naturales para Aries, ya sean bomberos, personal médico de emergencia o servicios de rescate.

A Aries también le irá bien cuando dedique su vida a deportes altamente competitivos, especialmente boxeo, artes marciales y lucha libre. Estas disciplinas le dan a Aries una amplia oportunidad para luchar y hacerlo con integridad mientras se esfuerza por ser la mejor versión de sí mismo, física y mentalmente. Marte, generalmente tratado como el dios de la guerra, influye en las afinidades de Aries.

En el lugar de trabajo, Aries brillará con su don de liderazgo y no tendrá problemas para hacerse valer. Si no cae en ninguno de sus extremos negativos, los Aries pueden convertirse en sobresalientes supervisores de todo tipo. Tendrán la confianza para liderar, pero lo que es más importante, tendrán la comprensión y la voluntad de ayudar y aconsejar a sus subordinados. Aries tiene el potencial de ser el mejor jefe que jamás haya existido. Sin embargo, si pierde el equilibrio y sucumbe a esos defectos potenciales, puede ser una pesadilla trabajar junto a él. Ni hablar de trabajar bajo él.

Llevarse Bien con un Aries

Para llevarse bien con un Aries, es importante tener respeto, ser honesto y tener la piel gruesa. Como ha leído, Aries puede ser muy honesto, irascible y dominante. Cuando se combinan, estos factores pueden hacer que digan y hagan cosas duras de las que más adelante se arrepentirán. Para llevarse bien con Aries, debe estar preparado para ese tipo de incidentes. Será importante que reaccione de manera racional pero también asertiva, sin agregar su propio combustible al fuego. Aries lo respetará por mantenerse firme, pero también razonará más fácilmente si mantiene la cabeza despejada y mantiene el control.

También es una buena idea dejar que Aries decida los detalles de sus planes, como la hora y el lugar de una reunión, por ejemplo. Sin embargo, no se trata de alimentar su ego. Déjelos que se hagan cargo porque a menudo son la persona más aventurera de la sala. Además, Aries está en su mejor momento cuando se hace cargo, por lo que es probable que se divierta más con ellos de lo que lo haría de otra manera.

Lo mejor que puede hacer es mantener la mente abierta y tratar de ser flexible. Para llevarse bien con un Aries, afortunadamente, la naturaleza estará de su lado. Es fácil llevarse bien con estas personas por su propia personalidad. Si puede mantener el ritmo de la emoción y la energía, descubrirá que no tiene que hacer nada especial. La mayoría de las veces, Aries se hará amigo de usted o establecerá comunicación incluso antes de que haya tenido tiempo de planificar su acercamiento. Simplemente eso es lo que hace.

Capítulo Dos: Tauro – El Toro

Si Aries es un fanático de los desafíos y disfruta de la prisa de involucrarse en uno nuevo, Tauro es la persona que se enfoca en las recompensas que el desafío podría traer. Si usted es un Tauro, es probable que sea una persona diligente y orientada a objetivos, que se concentra fuertemente en disfrutar de la vida tanto como sea posible. Con un rango de nacimiento entre el 20 de abril y el 20 de mayo, Tauro es el segundo signo del zodíaco, y está asociado con la segunda casa. Representado por la constelación del toro, el signo de Tauro está regido por Venus, su elemento es la tierra y su modalidad es fija.

Las características propias de los Tauro incluyen inteligencia, diligencia, dedicación, terquedad, confiabilidad y ética de trabajo. La modalidad fija de Tauro bendice a los nacidos bajo el signo con una estabilidad que puede manifestarse de muchas formas, variando de una persona a otra. Tauro es el primero de cuatro signos fijos, todos los cuales ocupan un lugar en el medio de cada una de las cuatro estaciones. El elemento tierra del signo, siendo el más sólido y firme de los cuatro, es lo que infunde a Tauro con cosas como paciencia, confiabilidad y consistencia.

El domicilio de Venus de Tauro influye en la inclinación de Tauro hacia la acumulación y la creación de todas aquellas cosas que le agradan. La segunda casa, también conocida como la casa del valor o la casa de la seguridad y la riqueza, tiene mucho que ver con las prioridades que los Tauro se proponen en la vida. Tauro puede sufrir una influencia perjudicial si Marte entra en el signo, particularmente al llevar algunos de los rasgos de Tauro a un extremo dañino. Por lo tanto, la estabilidad de Tauro puede convertirse en demasiada tolerancia y eventualmente hacerlos complacientes. Esto puede afectar tanto su interacción con las personas como su perspectiva de la vida, afectando aspectos como la motivación, la franqueza y la voluntad de abordar los problemas.

Rasgos de Personalidad

Tauro es típicamente la persona que sabe cómo vivir una buena vida, por así decirlo. Estas son personas que tienen un gran aprecio por todas esas cosas buenas de la vida que hacen que nuestra existencia sea más cómoda. Los placeres físicos, los bienes materiales, la comodidad general y la satisfacción de su gusto sofisticado son solo algunas de las cosas que las personas nacidas bajo el signo de Tauro buscarán en sus vidas. En pocas palabras, la recompensa es una de las cosas más importantes para un Tauro.

Eso no quiere decir que Tauro espere que las recompensas y los placeres de la vida lleguen por sí solo, todo lo contrario. Si usted es Tauro, probablemente trabaje muy duro. Las personas nacidas bajo este signo no son reacias a trabajar, y son muy meticulosos, prácticos y dedicados a sus obligaciones. Otro rasgo común que se encuentra en las personas Tauro es que tienen los pies en la tierra. Esto significa que es difícil para ellos dejarse llevar y perderse en fantasías o ideales poco realistas. Por lo tanto, un Tauro se centra en el aquí y ahora y en hacer el trabajo.

La estabilidad en sus múltiples manifestaciones es una parte importante del carácter de Tauro. A veces llamado el "ancla del zodíaco", los toros tienden a ser consistentes y confiables. La honestidad es otro rasgo positivo que la mayoría de los Tauro tienen, pero que también esperan de los demás.

En cuanto a los rasgos negativos, un Tauro puede salir mal cuando algunos rasgos que de otro modo podrían verse como virtudes llegan al extremo. Como tal, se sabe que los Tauro son muy tercos. Algunos son propensos a comportamientos obsesivos cuando su compromiso y dedicación abandonan el ámbito de la racionalidad. Por supuesto, su amor por el placer y la comodidad es otra cosa que puede terminar bastante mal si va demasiado lejos, particularmente cuando se convierte en la codicia del hedonismo desenfrenado.

Compatibilidad

La compatibilidad de Tauro es mejor cuando tratan con signos de tierra y agua. Los signos de agua complementan a los Tauro con una sofisticación emocional y una dosis saludable de vulnerabilidad, lo que se traduce en apertura cuando está dentro de lo razonable. En una relación entre Tauro y Cáncer, por ejemplo, la personalidad protectora de Cáncer será muy saludable para el Tauro. Por otro lado, Cáncer apreciará la confiabilidad y el apoyo de tauro. Con Piscis, la vida del Tauro se enriquecerá con la espiritualidad y la filosofía, elevando la conciencia general del toro. Con esta influencia, los Tauro pueden salir de su zona de confort de formas nuevas y altamente productivas. A cambio, el toro proporcionará a Piscis una base para evitar que pierda de vista la realidad cuando se adentra en su abstracción. Tauro también puede disfrutar de una relación romántica muy satisfactoria con Escorpio, especialmente en lo que respecta a la sexualidad.

Con los signos de tierra, los Tauro se llevarán muy bien con otras personas bajo los mismos signos. Su mayor acuerdo tendrá que ver con el estilo de vida y el disfrute de las comodidades mundanas. Virgo es otro signo con el que Tauro puede tener una gran y muy complementaria relación. El indulgente Tauro se beneficiará de los consejos saludables de Virgo, mientras que la filosofía de vida del toro puede contagiarse a Virgo y aliviar algunas de las ansiedades de este signo. El constructivo y autoritario Capricornio está materialmente orientado, al igual que Tauro. Estos signos trabajarán bien juntos hacia un objetivo material común, pero ambos signos también son bastante sensuales, por lo que hay mucho potencial en la intimidad.

Los Tauro pueden disfrutar de la naturaleza energética de los signos de fuego por un tiempo, pero eventualmente se cansarán de la volatilidad y la inestabilidad que estos signos podrían traer a la vida. La impaciencia de Aries, el anhelo de cambios frecuentes de Sagitario y la terquedad de Leo a menudo pueden ser demasiado para el estable y arraigado Tauro.

Del mismo modo, los signos de aire pueden resultar demasiado rápidos e inquietos para el toro. El metódico Tauro aprecia la consistencia y el orden, que es poco probable que obtenga del a menudo agitado Géminis. Debido a que Venus los rige a ambos, Tauro y Libra compartirán ciertos intereses. La propensión de Libra a la espontaneidad, pero es una diferencia fundamental entre los dos. Acuario es otro signo con el que los Tauro pueden llevarse bien. Probablemente no lo harán a largo plazo, principalmente debido a un conflicto entre sus sistemas de valores.

Amor

Dado que el planeta regente de Tauro, Venus, también es la diosa del amor, a este signo del zodíaco le va bien en las relaciones románticas. Entre otras cosas, esta influencia hace que la gente de Tauro sea romántica, o al menos aprecia el romance. Sin embargo, la habilidad de Tauro para relacionarse es mucho más que una propensión a los momentos románticos. Otro gran contribuyente a su éxito en este campo es su honestidad.

Los toros también son meticulosos y diligentes en el amor, como en todos los demás, y esto se aplica no solo para mantener sus relaciones, sino también para iniciarlas. A diferencia de Aries, un Tauro nunca permitirá que la emoción se apodere de él y lo haga apresurarse ciegamente en cualquier cosa, y menos en una relación romántica. Incluso en cuestiones de amor, los Tauro tienden a mantener su racionalidad y ser la voz de la razón. Cuando un Tauro no ve el potencial en una propuesta de relación, actuará sobre esa preocupación. Esto a menudo parecerá frío, pero a la larga puede ahorrarle muchos problemas tanto al Tauro como a la otra persona.

Incluso después de entablar una relación, los Tauro seguirán usando los frenos y se tomarán las cosas con calma. Si se encuentra en una relación con un Tauro, y él o ella le parece distante al principio, es importante tener en cuenta que simplemente se toma un tiempo para abrirse y consolidar la conexión. Una vez que lo hagan, descubrirá que la honestidad, la lealtad y el compromiso de un Tauro lo convertirán en una pareja confiable y cariñosa que entablará relaciones a largo plazo. A diferencia de otros signos como Aries, que tienden a inquietarse permaneciendo en un lugar durante demasiado tiempo, un Tauro apreciará su relación.

El toro se sentirá satisfecho al trabajar para convertir esa relación en algo aún más fuerte. El único problema es que, a veces, los Tauro pueden ser víctimas del perfeccionismo y establecer expectativas poco realistas no solo para su pareja, sino para las relaciones humanas en general.

Otras Relaciones

La fiabilidad, estabilidad y la confiabilidad de Tauro son cualidades que los convierten en excelentes amigos. Por lo general, se toman un tiempo para sentirse cómodos y personales con alguien nuevo, pero una vez que se establece una conexión y una confianza significativas, el Tauro se abrirá y demostrará el verdadero significado de la amistad y la lealtad. Tauro será el amigo que no tendrá que pasar el rato contigo todas las noches, pero si lo llama para pedirle ayuda urgente, su amigo Tauro estará allí a las 3 de la mañana, si es necesario.

La naturaleza honesta y bien intencionada de Tauro hace que su amistad sea valiosa de una manera que no podrá obtener de otras personas, sin importar lo divertidas que sean. Tauro no le mentirá para hacerle sentir cómodo, por ejemplo. En cambio, le dará sus opiniones y consejos honestos, todo lo cual le ayudará a crecer como persona.

Muchas de las virtudes de Tauro ciertamente serán valiosas en las relaciones laborales, especialmente la confiabilidad, honestidad y estabilidad. Tauro es la última persona que se involucra en un drama pequeño de oficina, habla a sus espaldas o se molesta con otros asuntos. Tauro estará muy ocupado concentrándose en su trabajo y asegurándose de estar haciendo bien el trabajo. Por lo tanto, Tauro es la persona a quien acudir en busca de consejos, orientación y para encomendar complejos e importantes proyectos.

Las personas que valoran la diligencia, el trabajo duro y una actitud sensata no tendrán problemas con un compañero de trabajo Tauro, aunque prefieran trabajar de forma independiente. Si un equipo es cohesionado, bien organizado y funciona como un reloj, Tauro ciertamente no tendrá problemas para integrarse. Dado que a Tauro le encanta relajarse después de un duro día de trabajo y se entrega a las comodidades mundanas, también estará más que dispuesto a participar en momentos divertidos con sus colegas.

Trabajo

El Tauro metódico está en su mejor momento cuando se le asigna un gran proyecto que requiere dedicación, planificación y enfoque a largo plazo. Los Tauro disfrutarán construyendo, tanto física como mentalmente, pero generalmente disfrutan de los trabajos que requieren un enfoque más práctico. Los Tauro tampoco rehuyen de la rutina, al menos hasta cierto punto. En lo que prosperan es en la estructura y la consistencia que una rutina puede proporcionar, pero si está en el trabajo equivocado, al toro le resultará difícil entusiasmarse con su trabajo.

A Tauro probablemente le irá mal en un entorno de trabajo que Aries disfrutará. Los Tauro prefieren tener el menor caos y distracciones posibles en su espacio de trabajo. Si tiene un trabajo que requiere un enfoque largo, minucioso y concentrado, dele ese trabajo a Tauro. Recuerde que Tauro también disfruta con las recompensas, por lo que cuanto más largo y difícil sea un trabajo, más disfrutará de la recompensa al final. El trabajo o la sensación de haberlo hecho puede ser una recompensa en sí misma para Tauro. Los Tauro generalmente disfrutan de trabajos que les exigen cuidar de los demás porque son personas estables que brindan apoyo a los necesitados.

Debido a su amor por los ambientes tranquilos y su naturaleza terrenal, los Tauro también disfrutan trabajar en ambientes naturales al aire libre. La jardinería, la agricultura y la ganadería son otros trabajos y estilos de vida que los Tauro disfrutan inmensamente. Los oficios como la carpintería también son prácticamente perfectos para los Tauro porque les permiten trabajar con las manos, tomarse su tiempo y concentrarse en su trabajo en la tranquila comodidad de su cobertizo de trabajo.

Llevarse Bien con un Tauro

Llevarse bien con un Tauro gira en gran medida en torno a saber cómo abordarlo y acercarse a él. Si nació bajo uno de los otros signos, puede parecer difícil identificarse con un Tauro, pero eso es solo porque tienen un filtro estricto que determina quién está y no está permitido en su vida, pero con un poco de esfuerzo, no será demasiado difícil aprender que es una persona normal y con la que es posible relacionarse.

Un buen lugar para comenzar es encontrar puntos en común, y la mejor manera de hacerlo con un Tauro es recordar que son personas que trabajan y se divierten mucho. Participar en el mismo proyecto de trabajo o compartir intereses profesionales son buenas formas de vincularse con un Tauro. También tiende a vincularse bien con quienes lo acompañan a la hora de pasar un buen rato y relajarse. Dado que los Tauro otorgan tanta importancia al disfrute y al placer, por lo general forman recuerdos fuertes y agradables de tales experiencias. Encontrar el camino hacia esos recuerdos es una excelente manera de acercarse al corazón de un Tauro.

Los Tauro también utilizan a veces su propio sistema de investigación para determinar a quién se le debe permitir ingresar en sus vidas y a quién no. Muchos de esos Tauro harán esto sin siquiera pensar en ello, ya que les resulta natural, pero otros tendrán un intrincado sistema de preguntas y pequeñas pruebas sutiles que utilizan a sabiendas cada vez que conocen a alguien nuevo. La mayoría de las personas ni siquiera se darán cuenta que están siendo probadas y evaluadas, pero el toro recogerá información importante que le permitirá determinar si usted está a la altura de los estándares que espera de las personas que buscan en convertirse en sus amigos o en algo más.

Una vez que establece una relación con un Tauro, debe recordar que pueden ser tercos. Si un Tauro cree tener razón en algo, simplemente no cambiará su tono para que su amigo o pareja se sienta más cómodo. Sin una fuerte argumentación, la mente de un Tauro difícilmente puede cambiarse.

Capítulo Tres: Géminis – Los Gemelos

El símbolo astrológico del tercer símbolo, los gemelos, es apropiado porque insinúa la naturaleza de Géminis, que puede parecer dual para otras personas. A veces, esa naturaleza puede parecer incluso más complicada que solo dual porque Géminis puede ser la gente más incomprensible que existe, particularmente desde la perspectiva de otros signos. Esto se debe a que, con los rasgos, Géminis tiene el rango más amplio y variable. De todos los signos del zodíaco, Géminis es el más difícil de definir debido a una frecuente falta de ese rasgo definitivo que suelen tener los otros signos. Mientras normalmente puede distinguir a un Aries por sus habilidades de liderazgo, un Géminis puede ser una gran sorpresa.

La fecha de Géminis cae entre el 21 de mayo y el 21 de junio y está regido por Mercurio. Géminis está asociado con la tercera casa y es un signo de aire de modalidad mutable. La asociación del signo con la tercera casa es lo que condiciona la naturaleza intelectual y curiosa de Géminis cuando esta se manifiesta.

Ser el primero de los signos mutables es lo que hace que Géminis sea adaptable y propenso a cambiar, como corresponde a un signo que ocupa un tiempo de transición entre la primavera y el verano. Así como la naturaleza se esfuerza incansablemente por florecer y alcanzar su estado máximo durante este tiempo, Géminis busca el cambio y la novedad. La naturaleza de Géminis también se refleja en su elemento aire, que fluye, es activo y difícil de definir. Como el aire, Géminis quiere estar en todas partes y experimentar todo a la vez, si tan solo pudiera. El planeta regente de Géminis también se asemeja a la naturaleza de los gemelos, siendo muy rápido y retrógrado con más frecuencia que cualquier otro planeta del sistema solar. Como tal, Mercurio en Géminis tiene mucho que ver con la inquietud, la curiosidad, la rápida absorción de nueva información y el ingenio del signo.

Rasgos de Personalidad

Como acaba de leer, Géminis puede ser bastante cambiante por naturaleza. Aun así, es posible delinear algunas fortalezas y debilidades de Géminis, que a menudo se aplicarán a los géminis con los que se pueda encontrar. En general, los rasgos más comunes de Géminis incluyen adaptabilidad, apertura e inteligencia, pero a veces también indecisión, falta de fiabilidad e impulsividad. La curiosidad puede llevar a un Géminis por el camino de volverse demasiado entrometido. Su curiosidad puede combinarse con la falta de fiabilidad y la inclinación por el chisme, lo que hace que Géminis no sea muy bueno para confiarle cosas. Esto se debe a que a muchos Géminis les encanta compartir la información que han reunido en su eterna búsqueda para ser tan inteligentes como sea posible. A muchos simplemente les encanta hablar y disfrutar de la atención que pueden recibir de esta manera, por lo que tratan de recopilar la información más interesante posible.

Una de las mayores fortalezas de Géminis es a menudo su adaptabilidad. Los Géminis adaptables disfrutan de probar cosas nuevas y emprender aventuras. Su ocasional falta de fiabilidad puede compensarse de alguna manera por su capacidad para adaptarse a todos los cambios en los planes. Si debe cambiar de planes repentinamente, su amigo Géminis probablemente no tendrá problemas para acomodar algunas cosas y adaptarse al nuevo programa. Como tal, un Géminis puede ser muy tranquilo, relajado, agradable y, sobre todo, divertido.

La falta de fiabilidad que a veces exhiben generalmente se debe a su incapacidad para comprometerse con las cosas. Su capacidad de adaptarse a los cambios de planes a menudo significa que con frecuencia cancelarán cosas. Esto puede ser un gran problema entre usted y un amigo Géminis si le gustan los horarios estrictos inamovibles. Este miedo al compromiso también puede hacer que sea difícil para Géminis hacer sus tareas y cumplirlas antes de cambiar su enfoque hacia otra cosa. Esto es una forma de impulsividad que difiere de la de Aries, pero puede conducir a muchos de los mismos resultados problemáticos, incluidas compras precipitadas, situaciones peligrosas y otros escenarios desafortunados.

Compatibilidad

Así como el aire alimenta el fuego, Géminis encontrará formas de tener un vínculo significativo con muchos signos de fuego. Estas relaciones y vínculos tienden a ser complementarios, basándose en la comprensión y la realización mutua. Al ser impulsivo y enérgico, un Aries comprenderá mucho la naturaleza inquieta de Géminis. Leo y Sagitario, los otros dos signos de fuego, a veces pueden ser muy compatibles con Géminis, pero puede requerir algo de trabajo.

Géminis es altamente compatible con los signos de aire, especialmente Libra. Libra tiene una forma de introducir equilibrio en la vida de un Géminis. Él o ella también reforzará la propia sociabilidad de Géminis, lo que puede hacer la vida muy satisfactoria para Géminis debido al placer que obtendrá al conocer gente nueva y conocer nueva información. Además, el amor de Géminis por la conversación es otro factor que los hace encajar tan bien con el sociable Libra. Géminis también se lleva bien con Acuario, especialmente en las conversaciones y el intercambio de conceptos, ya que ambos signos gozan la estimulación intelectual. Las cosas también se pueden poner bastante interesantes cuando un Géminis se encuentra con otro Géminis, particularmente cuando ambos exhiben rasgos como la curiosidad.

Entre los signos de agua, los tres podrían funcionar con un Géminis, pero todos poseen ciertos rasgos que podrían convertirse fácilmente en una fuente de problemas. Por ejemplo, los Cáncer podrían estar en desacuerdo con un Géminis en el matrimonio debido a la propensión de este último de prestar menos atención a su hogar y, en cambio, buscar socialización exterior. Piscis tiene con demasiada frecuencia una naturaleza bastante privada, lo que fácilmente puede chocar con la actitud sociable de Géminis. La sociabilidad de Géminis también tiene el potencial de provocar la inclinación de Escorpio por los celos.

Con los signos de tierra, Géminis tiende a tener muchas dificultades para relacionarse con ellos, pero si se alinean suficientes estrellas de la suerte, y se hace el esfuerzo suficiente, Capricornio, Tauro y Virgo pueden funcionar como una gran fuerza estabilizadora en la hiperactiva y agitada vida de un Géminis.

Amor

Suponga que está tratando de entablar una relación con un Géminis. En ese caso, debe saber que son curiosos, muy activos, aventureros y convertirán cada relación en una montaña rusa. Debido a su naturaleza variable y cambiante, Géminis también puede ser muy impredecible, dando lugar a muchos giros y vueltas al principio e incluso más tarde en una relación. Por supuesto, esto puede ser divertido y emocionante, pero también puede ser un problema si las sorpresas que se le presentan resultan ser malas. La disposición de géminis para probar cosas nuevas y experimentar generalmente los convierte en muy buenos amantes, lo que jugará un papel importante en sus relaciones románticas.

Sin embargo, al igual que en las otras áreas de la vida, los problemas comenzarán si Géminis cede a la indecisión y al miedo al compromiso. Por lo tanto, es importante andar con cuidado al entablar una relación con un Géminis. Puede que le resulte difícil porque tienden a ser muy sentimentales durante la fase de luna de miel, pero podría terminar con el corazón roto si no tiene cuidado. Una semana podría encontrarse teniendo el mejor momento de su vida, pero luego, de repente, su mundo se derrumba a la semana siguiente.

Para evitar sorpresas, debe ser directo y comunicarse lo más posible con su pareja Géminis. Su inquietud y emoción pueden hacer que sea difícil para usted saber qué lugar ocupa con los gemelos, por lo que es posible que deba descubrirlo por sí mismo simplemente planteando el problema. La apertura, la sinceridad y la capacidad de mantenerse al día intelectualmente y la naturaleza amante de la diversión son los cuatro mejores ingredientes para una relación larga y duradera con Géminis. Sin embargo, si prefiere quedarse en casa y no es muy espontáneo, probablemente dicha relación no va a durar mucho tiempo. Los gemelos pueden pasar tiempo buscando a esa persona especial que pueda seguir su ritmo, pero una vez que la encuentran, revelarán su naturaleza comprometida, fiel y profundamente amorosa.

Otras Relaciones

En la amistad, Géminis se adhiere a bastantes de los mismos principios que en el amor. Requieren honestidad, comunicación y la capacidad de mantener el ritmo. Debido a su sociabilidad y ansias de comunicación, Géminis necesita mantenerse en contacto con sus amigos y pasar tiempo con ellos regularmente. Para Géminis, nunca se han pronunciado palabras más ciertas que "fuera de vista y fuera de la mente". Es posible que Géminis tenga amigos a distancia, pero tendrán que comunicarse todo el tiempo y con sentido.

Los amigos de Géminis también tendrán que ser extrovertidos y amantes de la diversión. Sin embargo, simplemente amar la diversión puede ser suficiente, ya que Géminis no tendrá problemas para organizar eventos y planificar sus actividades. Desde una perspectiva no Géminis, los gemelos son algunas de las personas más divertidas que existen, por lo que las amistades con ellos serán muy memorables.

A pesar de su naturaleza extrovertida e inquieta, los Géminis tienen una devoción profunda y sincera por su familia, pero esa devoción a veces puede no llegar a materializarse a través de acciones significativas. Claro, Géminis ama a su familia más que a nada, pero eso no significa que siempre pondrán las responsabilidades familiares en primer lugar. No es el mejor miembro de la familia para pedirle que cuide a su perro o que lo lleve a pasear. En cambio, es probable que Géminis prefiera dejar eso en sus manos y salir.

Como puede ver, la naturaleza y actitud de Géminis lo hace muy adecuado para muchos entornos laborales, pero la indecisión e inquietud potenciales de Géminis pueden ser fuentes de molestia para compañeros de trabajo y supervisores. Cuando se desequilibran, Géminis siempre querrá saltar de un proyecto al siguiente, dejando muchas cosas a medias. Por lo tanto, forman una gran pareja o equipo con personas que pueden proporcionar un contrapeso y mantener la inquietud de los gemelos a raya.

Trabajo

Para Géminis, el trabajo satisfactorio tiene que ver con la estimulación mental, que los mantiene ocupados y concentrados. De lo contrario, Géminis puede verse superado por su inquietud innata y su nivel de concentración puede verse afectado. A Géminis le encanta satisfacer su curiosidad, por supuesto, por lo que disfrutarán de todo tipo de análisis. Otro aspecto crucial de la naturaleza de Géminis a considerar para determinar su trabajo perfecto es la sociabilidad del signo. La inteligencia de Géminis y la facilidad con la que se comunican los hará adecuados para la mayoría de los trabajos en el entorno empresarial actual y más allá, pero eso no significa que disfrutarán de todos esos puestos.

Los trabajos que giran en torno a la enseñanza y la comunicación tienden a ser muy agradables para Géminis. También disfrutarán trabajando en algo que los obligue a mejorar la comunicación entre los demás, como por ejemplo, resolviendo sus disputas. Sin embargo, la inquietud y sed de cambio de Géminis y el movimiento constante, físico o figurativo, no deben subestimarse. Si un trabajo se vuelve monótono y deja de estimular el intelecto de Géminis, querrán cambiarse rápidamente.

El amor de Géminis por la comunicación va más allá de simplemente conversar con la gente. Muchos Géminis disfrutarán trabajando como traductores, lo que puede implicar asistencia directa o indirecta para la comprensión de otras personas. La mayoría de las cosas relacionadas con los idiomas y la lingüística mantendrán ocupada la mente de Géminis y garantizarán que serán productivos y estarán satisfechos.

Por consiguiente, Géminis a menudo verá un trabajo satisfactorio en todo tipo de escritura. Es probable que Géminis disfrute escribir obras de teatro, novelas, artículos o libros técnicos, o lo que sea. Incluso encontrarán estimulantes la edición, revisión y otros trabajos relacionados con la escritura. Debido a estas inclinaciones, es común que Géminis termine publicando, siendo dueño o al menos trabajando en una librería. Géminis en general es muy bueno haciendo múltiples tareas, por lo que su búsqueda de estimulación mental y trabajo acelerado puede llevarlo por muchos caminos. A veces, Géminis no estará satisfecho con elegir un solo camino y, en cambio, convertirá toda su vida en un gran ejercicio de multitarea.

Llevarse Bien con un Géminis

Las cosas que hemos discutido sobre la naturaleza de Géminis ya deberían haberle dado algunas ideas sobre cómo llevarse bien con Géminis o al menos cómo mantener una relación ya existente. Una excelente manera de adentrarse en el mundo de Géminis es compartiendo momentos divertidos con él, lo que puede suceder por casualidad o por iniciativa suya.

Si está programando una cita o tratando de comenzar una relación con un Géminis, sea espontáneo y misterioso. El Géminis buscador de diversión disfrutará las sorpresas, por lo que siempre puede mantener ocultos los detalles de una cita. Incluso si técnicamente no es el lugar o la actividad más emocionante del mundo, es probable que Géminis encuentre la cita más emocionante debido al misterio. Asegurarse de que sea una actividad con la que usted se divertirá es igual de importante porque Géminis sentirá la sensación de aburrimiento si usted no se está divirtiendo.

Otro enfoque es la ruta intelectual. Si es bastante inteligente, esto vendrá de forma natural, pero comenzar una conversación profunda sobre una pintura o un tema filosófico puede ser suficiente. La diversión y el nivel intelectual son las dos principales estrategias para acercarse a un Géminis. Para llevarse bien a medida que avanza el tiempo, debe prepararse para lidiar con las peculiaridades que hemos discutido. Si Géminis no se adhiere al plan acordado o incluso si lo deja plantado, trate de no tomárselo a pecho. Si sucede una vez y va seguido de una disculpa sincera, puede estar seguro de que fue por la naturaleza inquieta de Géminis y no tiene nada que ver con usted. Sin embargo, si sucede más de una vez, entonces debe reconsiderar la relación.

Capítulo Cuatro: Cáncer – El Cangrejo

Cáncer, también conocido por su símbolo astrológico como el cangrejo, quizás puede describirse de mejor manera como el amo de casa. Mientras a otros signos como Aries y Géminis a menudo les resulta difícil permanecer en un lugar y concentrarse en las cosas a largo plazo, el cangrejo es la persona a la que le gusta echar raíces. Cáncer es un signo de agua con una modalidad cardinal, y es regido por la luna mientras que está asociado a la cuarta casa. El período del cangrejo va desde el 21 de junio al 22 de julio, lo que significa que corresponde al inicio del solsticio de verano en el hemisferio norte de la Tierra. La relevancia de esta estación está en la copiosa energía que Cáncer puede absorber debido a la abundancia de luz solar y otros recursos que sustentan la vida. Esta influencia funciona al unísono con la modalidad cardinal de Cáncer, y el hecho de que el rango de fechas del signo comienza con una nueva estación.

Cáncer tiene lo que podría describirse como una relación exclusiva con la luna. Gran parte de la naturaleza de nuestra luna puede interpretarse como un símbolo de los rasgos clave de Cáncer. Incluso hoy en día, la luna es vista como una guía en muchas culturas porque ilumina nuestro camino por la noche. Así como una madre cariñosa a menudo descompone la comida para dejarla en un estado más adecuado para un niño, nuestra luna nos transmite los poderosos rayos del sol. Debido a sus muchas cicatrices en forma de cráteres, la luna se ha considerado con frecuencia como un escudo o protector de nuestro planeta. Esta influencia les da a los Cáncer fuertes instintos paternales, un impulso protector y una naturaleza profundamente enriquecedora. El planeta exaltado de Cáncer es Júpiter, que infunde a este signo cualidades como la mentoría. Como un signo generalmente protector y materno, Cáncer puede beneficiarse enormemente de una ubicación adecuada de Júpiter al nacer.

Rasgos de Personalidad

Como acabamos de mencionar, los Cáncer están orientados al hogar, son maternales y protectores. El estado natural y más cómodo para Cáncer es tener raíces firmes en la tierra y estar atado por una gran cantidad de responsabilidades hacia los seres queridos. Los Cáncer disfrutan ser parte de familias numerosas, incluida la familia extendida y su propia familia inmediata. Son pocas las cosas en la vida por las que el cangrejo se preocupará más que por establecer y fomentar la armonía en el hogar.

La cuarta casa es la casa del hogar, y la familia influye mucho en los Cáncer. A menudo también encontrará algunos Cáncer que mantienen los valores tradicionales y dan mucha importancia a la continuidad histórica. El Cáncer es la persona que se preocupa por su historia familiar y hace todo lo posible por apreciar estos recuerdos. Tampoco es raro que los Cáncer proyecten esa actitud más allá de su familia. Esto significa que generalmente están orientados a la comunidad y disfrutarán participando y contribuyendo a la comunidad en general, aunque la familia tiene prioridad sobre todo lo demás. Además, el cangrejo a menudo es patriota y tiene un sentimiento muy fuerte de pertenencia a la comunidad y de servir al bien común. Los Cáncer también tienen una memoria larga y fuerte y no temen mostrar su lado emocional.

Como suele ser el caso, cuando las fortalezas fallan o se llevan al extremo, pueden convertirse en debilidades. Con los Cáncer, un problema que podría surgir es un apego extremo a cosas como pertenencias. Esto sucede cuando los instintos hogareños de un Cáncer van demasiado lejos, y se obsesionan con lo que están construyendo en casa. Los Cáncer también pueden volverse demasiado necesitados y proyectar ese estado de ánimo en los demás, sobreestimando cuánto los necesitan los demás. Debido a su larga memoria y naturaleza potencialmente obsesiva, los Cáncer son notoriamente propensos a guardar rencor. En general, los Cáncer también son propensos a todo tipo de vulnerabilidades emocionales como la timidez e incluso la reclusión. Por lo tanto, funcionan mejor cuando tienen al menos una o dos personas activas y extrovertidas en sus vidas, porque estas personas pueden ser las ventanas del cangrejo al mundo, por así decirlo.

Compatibilidad

Los Cáncer funcionan mejor con otros signos de agua y tonos de tierra. Con otros signos de agua, los Cáncer disfrutan de un entendimiento especial en un nivel más allá de la conversación. Esto se debe a que otros signos de agua poseerán las mismas vulnerabilidades y profundidad emocional o al menos comprenderán estos rasgos del cangrejo. Dos Cáncer suelen ser una buena combinación en la mayoría de los tipos de relaciones, incluido el romance y el matrimonio, donde pueden trabajar juntos para construir un hogar maravilloso.

En cuanto a Piscis y Escorpio, ambos son altamente compatibles con los Cáncer, a menudo en una forma complementaria. Esto significa que usualmente tienen ciertos rasgos positivos que los Cáncer no tienen, que pueden ser muy beneficiosos en sus vidas. Piscis puede introducir a un Cáncer a la espiritualidad y la filosofía en relaciones cercanas o románticas, mientras que Escorpio puede hacerlos más apasionados de manera sexual y en otros ámbitos.

Debido a la gran compatibilidad entre la práctica tierra y el emotivo agua, los Cáncer se llevan bien con signos de tierra. Las relaciones de Cáncer con Capricornio son un gran ejemplo de la atracción de los opuestos. Siendo el polo opuesto del cangrejo, Capricornio puede beneficiarse enormemente de la naturaleza cariñosa y protectora de un Cáncer. Pero la fuerte dedicación de Capricornio a su trabajo puede funcionar bien con las habilidades hogareñas de un Cáncer para crear una estructura familiar muy fuerte. Cuando se emparejan en una relación como esta, el cielo es el límite.

Los Cáncer también se llevan bien con los Tauro debido a la naturaleza fiable y confiable de estos últimos, que el cangrejo constructor de hogares apreciará mucho. Virgo también puede tener una influencia muy positiva en la vida de Cáncer, especialmente en lo que respecta a la estructura y el esfuerzo conjunto.

Los altamente dinámicos y cambiantes signos de aire pueden infundir la vida de Cáncer con un nivel de emoción y frescura que los Cáncer a menudo querrán o al menos pensarán que quieren. Sin embargo, una vez que la relación se vuelve íntima y más seria, esto puede ser exactamente lo que molesta a los Cáncer. Los signos de fuego son quizás la peor combinación para los Cáncer, con las diferencias más fundamentales en lo que respecta al estilo de vida y las prioridades.

Amor

Al ser un signo orientado al hogar, con fuertes instintos protectores y maternos, no es de sorprenderse que los Cáncer se encuentren entre las parejas más devotas y leales en el amor. Emocionalmente y en todos los otros aspectos que importan, Cáncer será una pareja muy generosa que seguirá dando. Esto puede hacer que los Cáncer sean vulnerables, pero si están equilibrados, la mayoría de los Cáncer se asegurarán de no olvidarse a sí mismos y de sus propias necesidades. Cáncer generalmente esperará la misma devoción y respeto que le da. Otra cosa con la que puede contar de Cáncer es la honestidad y la franqueza. Estas personas le dirán claramente a su pareja cuando algo los esté molestando.

Los Cáncer quieren estabilidad en su relación, y se beneficiarán de tener una pareja confiable con la que puedan contar. Los Cáncer pueden llevarse bien con los signos sociables, ya que pueden dividir las responsabilidades entre el hogar y el trabajo y formar un excelente equipo. Sin embargo, a los Cáncer aún les gusta una cierta independencia, a pesar de su compromiso con el hogar. Con la mayoría de los Cáncer, esta necesidad de independencia se satisface con un descanso ocasional que les permite tomarse un tiempo para sí mismos. Es posible que les guste pasar este tiempo en su estudio, trabajando en una obra de arte o leyendo algo. De esa manera recargarán sus baterías y volverán, prestando completa atención a su pareja.

Uno de los mayores problemas con los Cáncer en el amor es su falta de voluntad para dejar ir. Cuando Cáncer invierte tiempo y esfuerzo emocional en una relación, pueden volverse tan apegados a ella y tan poco dispuestos a abandonarla que a menudo permanecerán en una relación, incluso si se vuelve tóxica.

Otras Relaciones

Los Cáncer son personas que recibirían una bala por sus seres queridos sin dudarlo. Los Cáncer disfrutan pasar tiempo de calidad con su familia y nunca perderán la oportunidad de ver una película o tener una noche de juegos con sus seres queridos. Esto demuestra que no solo es una cuestión de deber o de realizar algún trabajo, todo lo contrario. Puede ser un deber proteger a la familia, pero es una bendición que el cangrejo realmente disfruta.

Lo lamentable es que incluso el Cáncer más devoto y leal puede caer en los extremos que hemos mencionado, sin darse cuenta. Algunos Cáncer son propensos a cambios de humor o episodios melancólicos, los cuales pueden causar mucha frustración a los miembros de su familia. Por eso es importante que Cáncer comprenda que los miembros de su familia tienen sus propias necesidades de pasar tiempo a solas. Esta simple verdad puede ser difícil de aceptar para algunos Cáncer cuando se rinden ante la necesidad.

En términos de amistad, los Cáncer pueden ser muy sociables, pero los elegidos generalmente serán un grupo selecto y limitado de personas. Los Cáncer no ven el valor de mantener una red extensa de conocidos y amistades superficiales, por lo que preferirán formar un grupo pequeño pero muy cohesionado con el que puedan ser abiertos y naturales. Los amigos del cangrejo deberían sentirse un poco especiales por superar los muchos filtros de Cáncer y acercarse lo suficiente para entrar en su círculo íntimo.

Los Cáncer mantendrán la lealtad y la devoción incluso después de que la muerte haya dicho lo suyo. Estas personas son nostálgicas, tradicionalistas y muy dedicadas a preservar los recuerdos. Los viejos álbumes familiares y otras cosas que mantienen vivos los recuerdos son importantes para los Cáncer, y los conservarán con sumo cuidado.

Trabajo

La voluntad de Cáncer de cuidar a los demás y los instintos maternos del signo los hacen perfectos para muchos trabajos que implican cuidar a los necesitados, de cualquier forma. Aun así, cuidar a otras personas también es parte integrante de algunos trabajos dinámicos y muy intensos, en cuyo caso Cáncer no estará emocionado. A los Cáncer les gusta dispensar su atención de una manera y en un entorno que les permita brindar a las personas una atención completa, como en la terapia.

No es que los Cáncer no puedan funcionar bajo presión, todo lo contrario, pero sus instintos constructores de hogares y anidación los hace más adecuados para trabajos en entornos hogareños, por así decirlo. Por estas razones, los Cáncer a menudo se encuentran en muchas áreas del sistema de salud. Si bien disfrutan de trabajos de ritmo más lento, los Cáncer estarán atentos y no son propensos al pánico, por lo que pueden desempeñarse bastante bien en trabajos de atención médica lentos la mayor parte del tiempo, pero con el potencial de volverse agitados de vez en cuando, como la enfermería.

Como puede adivinar, a los Cáncer les encanta trabajar desde casa, y muchos harán todo lo posible por conseguir un trabajo que les permita hacer esto. Idealmente, dirigirán su propio negocio, especialmente uno conectado o físicamente adyacente a su hogar. Además de eso, los Cáncer pueden disfrutar administrando lugares que brindan un hogar o refugio temporal, como hoteles, moteles, refugios varios, etc. Como tal, los Cáncer extenderán su impulso natural de acomodar a otros más allá de su familia sin dejar de estar orientados al hogar.

Los Cáncer a menudo se encuentran trabajando como cocineros o en alguna otra área relacionada con la preparación de alimentos. Los Cáncer generalmente disfrutan trabajar con niños. Pueden hacer esto como profesores, entrenadores o con varios trabajos en orfanatos. También es común para los Cáncer involucrarse en diversas formas de trabajo social.

Llevarse Bien con un Cáncer

Como puede deducir de lo que hemos discutido hasta ahora, puede ser difícil conectarse con un Cáncer. No les entusiasma conocer gente nueva y expandir su círculo de amigos o incluso conocidos, a diferencia de otros signos que viven para socializar. Cáncer establecerá contacto con personas ya sea si *deben* hacerlo por motivos laborales u otras circunstancias o porque realmente se sienten atraídos, lo que no sucede todos los días. Por supuesto, esto no quiere decir que no pueda hablar con los Cáncer, pero si está buscando llevarse bien con ellos y establecer una conexión más significativa, puede que tenga que hacer algo de trabajo.

Es más probable que los Cáncer se abran cuando se sientan cómodos en un entorno. La mejor manera de abordarlos es en condiciones controladas que impliquen reuniones pequeñas o en el propio territorio de Cáncer. Mientras menos personas haya alrededor y menos agitada sea la situación, más dispuestos estarán los Cáncer a abrirse a nuevas personas.

Una parte importante de llevarse bien con el cangrejo es comprender y tolerar su naturaleza. Comprenda que los Cáncer a veces pueden ponerse malhumorados y temperamentales, generalmente por razones que solo ellos conocen, por lo que usted debe ser la persona que no tomará esto a pecho. De hecho, los Cáncer pueden ser propensos a cambios de humor que ni siquiera ellos entienden, por lo que es mejor simplemente seguir adelante y hacer todo lo posible por ignorar la negatividad ocasional. Recuerde que los Cáncer requieren respeto y gratitud cuando los ganan. Son personas devotas que sacrificarán mucho por las personas que les importan, pero sin duda querrán ser reconocidas y apreciadas por sus esfuerzos. Es importante no dar por sentada su amistad con Cáncer o sus favores.

Capítulo Cinco: Leo – El León

Como el quinto signo del zodíaco y gobernantes de la quinta casa, los leones nacen entre el 23 de julio y el 22 de agosto. Este signo fijo de fuego está regido por el sol, lo que asegura copiosas reservas de energía, impulso, motivación y ambición, todos los cuales a menudo se contagiarán a quienes los rodean. Esto no es una sorpresa, ya que el período de Leo encapsula más o menos el apogeo del verano. Los Leo son personas que generalmente disfrutan ser el centro de atención, y siempre harán todo lo posible para causar la mejor impresión posible. Bajo su relación con el sol, los propios Leo son proverbialmente radiantes, al menos con su confianza y orgullo. La posición central del sol en nuestro sistema solar también es un símbolo de cómo leo a menudo está en el centro de atención, comunidad o familia.

Leo puede caer bajo la influencia perjudicial cuando Saturno entra en el signo. Saturno rige a Acuario, el opuesto de Leo, e influye en rasgos como la moderación y la sabiduría. Como tal, Saturno estará muy lejos de casa cuando entre en el orgulloso, extrovertido e inquieto Leo. Por lo tanto, las personas que nacen con Saturno en Leo deberán hacer un esfuerzo adicional cuando intentan encontrar el equilibrio en la vida. Para ellos, será especialmente importante aprender disciplina, que a veces puede llevarse demasiado lejos hacia una compensación excesiva. Cuando esto sucede, Leo puede volverse demasiado crítico de sí mismo o demasiado inhibido, lo cual es contrario a la verdadera naturaleza del signo.

Rasgos de Personalidad

Los Leo son asertivos y tienden a ser extrovertidos o al menos altamente capaces y dispuestos a interactuar con el mundo exterior. La modalidad fija de Leo significa que estas personas son capaces de una gran persistencia y terquedad, lo que los hace propensos a comprometerse con sus esfuerzos hasta que el trabajo esté terminado

En general, las características definitorias más positivas y pronunciadas de Leo son la confianza, el coraje y la audacia. Los Leo nunca parecen carecer de entusiasmo, no solo por lo que sea que estén haciendo en cada momento, sino también por la vida en general. Leo siempre puede llegar a su interior y encontrar seguridad en sí mismo donde otros podrían necesitar apoyo o tranquilidad de fuentes externas. No solo eso, sino que los Leo también suelen ser las personas que apoyan, tranquilizan y animan a los demás. Además de ser orgullosos y tener un fuerte sentido de autoestima, los Leo encuentran valor en los demás. Si tiene una virtud que está descuidando o un talento que no está desarrollando, un Leo se asegurará de señalarlo y le ayudará a aprovechar al máximo sus cualidades.

Los Leo también son personas generosas que son buenos líderes a su manera. Puede que Leo no sea la persona que organice un esfuerzo en equipo o que lidere el espectáculo completo, pero hará un excelente trabajo motivando y animando a todos en la sala. Lo que les falta en habilidades administrativas, los Leo lo compensarán con su capacidad para inspirar a una multitud.

La modalidad fija y el orgullo de Leo puede también llevar a resultados negativos. Algunos Leo pueden estar demasiado comprometidos con una determinada causa o idea, lo que puede hacer que la persigan incluso cuando la parte racional de su cerebro les dice que se detengan. Cuando agrega orgullo a esta ecuación, es fácil ver cómo los Leo pueden extraviarse, sin admitir nunca un error. Los Leo, con este defecto, pueden beneficiarse enormemente de aprender a ser mejores oyentes.

Por muy seguro que parezca ser, el león puede ser inseguro. Su amor por el centro de atención y los elogios que puede traer pueden convertirse en una dependencia de los cumplidos y una obsesión por las opiniones de otras personas. Los Leo rara vez mostrarán tal inseguridad, y quienes los rodean no se darán cuenta, pero sufrirán inmensamente si siguen este camino. Los Leo, con este problema, también pueden volverse bastante obsesivos y celosos en las relaciones románticas.

Compatibilidad

Los Leo naturalmente hacen una buena combinación con la mayoría de las personas que pertenecen a los signos de fuego y aire, mientras que es más probable que surjan problemas con los otros dos grupos. Al ser un signo de fuego, Leo es impulsado por la misma audacia, impulsividad y asertividad que Aries y Sagitario, los que los hace altamente compatibles. Si usted es un Leo y se encuentra con otro de su especie, es probable que encuentre terreno común en la creatividad. Una potencial fuente de conflictos entre los dos Leo es el amor del signo por ser el centro de atención. Por lo general, a un Leo no le agradará que otro león le robe el foco de atención y los haga hacia un lado. Como tal, las interacciones entre los Leo pueden dar lugar a grandes rivalidades, que pueden no siempre ser malas si la rivalidad es saludable y productiva. Sin embargo, cuando se lleva a extremos poco saludables, las rivalidades tienden a convertirse en conflictos.

Los signos de aire tienden a funcionar bien con Leo, al igual que el aire alimenta el fuego. La relación entre Leo y los signos de aire se traduce en la energía que este signo puede absorber de los signos de aire para volverse más fuerte y, en general, mejor. Como alguien a quien le gusta ser el centro de atención, Leo puede beneficiarse de la naturaleza sociable y curiosa de Géminis y Libra. Acuario puede hacer un excelente trabajo al aportar más objetividad, consideración y sensatez a la vida de un león. Como en algunos otros casos, la conexión entre Leo y Acuario es a menudo una atracción de opuestos. Cuando Acuario piensa demasiado y se pierde en el bosque de su propia mente, Leo lo sacará. Cuando Leo se pone demasiado inquieto y se deja llevar, Acuario le recordará la virtud de la paciencia y la objetividad.

Por lo general, es probable que los Leo tengan problemas con los signos de agua. Por ejemplo, el cariñoso Cáncer puede brindarle a Leo el cuidado y la calma que el león desea, pero eventualmente tendrán desacuerdos cuando la naturaleza extrovertida de Leo entre en conflicto con la preferencia de Cáncer de concentrarse en el hogar. La situación no será muy diferente a la de Piscis y Escorpio, ya que ambos pueden enriquecer la vida de Leo, pero es probable que surjan desacuerdos. La posesividad de Escorpio es especialmente problemática, la que puede combinarse con los celos de Leo en una relación bastante problemática. Pero los signos de Tierra pueden dar a los Leo la estabilidad que necesitan en la vida, pero generalmente no son muy compatibles en las relaciones íntimas. Sin embargo, como compañeros de trabajo, los Leo pueden funcionar bastante bien con los signos de tierra, aunque la terquedad de Tauro podría ser un importante problema.

Amor

Los Leo son muy expresivos y tienden a ser directos, por lo que generalmente sabrá cuál es su posición con ellos. Si Leo siente algo por usted, le hará saber exactamente lo que está pasando, a menos que estén empleando una estrategia. Los Leo también son muy apasionados en el amor, por lo que las relaciones con ellos pueden ser intensas, especialmente durante la proverbial fase de luna de miel. Dado que a Leo le encanta compartir su entusiasmo e inspirar a las personas que lo rodean, puede esperar que este sea un aspecto importante del romance de Leo.

Sin embargo, no deje que su comportamiento apasionado y amante de la diversión lo engañe, ya que los Leo sin duda le exigirán que esté completamente comprometido y devoto. Leo también disfruta de la atención, por lo que su pareja debe poder y estar dispuesta a brindarla. Aun así, la pasión es una de las cosas más importantes en lo que respecta a Leo, por lo que sus parejas deben mantener el ritmo, pero la energía y el entusiasmo de Leo pueden volverse demasiado intensos, incluso para los signos generalmente extrovertidos y enérgicos. Entonces, si alguna vez tiene una relación con Leo, también debería poder hacer valer sus propios deseos porque su Leo podría quedar atrapado en su emoción y olvidarse por completo de lo que quiere y necesita.

Sin embargo, no es que a Leo no le importe su pareja. Es solo que el león puede involucrarse un poco más en sí mismo que la persona promedio, y puede ser difícil para él mantenerse al tanto de los deseos de su amante si él o ella no es capaz de darlos a conocer. Por lo tanto, la pareja de Leo debe ser abierta y directa, ya que es la mejor manera de evitar malentendidos.

Otras Relaciones

Ser un buen amigo de Leo es algo bastante especial, no porque sea difícil acercarse a él, sino porque son un imán para las personas. El carismático Leo hará amigos dondequiera que vaya en la vida, por lo que es difícil abrirse paso entre la multitud y convertirse en un amigo cercano e indispensable del león. Leo es el opuesto a Cáncer. A Leo le gusta un círculo de amigos lo más amplio posible, que logra obtener sin hacer un esfuerzo consciente para construir dicho círculo. Los amigos de Leo también son muy diversos y pueden incluir todo tipo de personajes. El león tiende a ser el centro de atención en ese círculo. Leo es el alma de la fiesta, por lo que muchas personas a las que atraen lo acompañan porque les gusta divertirse.

En un mar de conocidos, Leo generalmente sabrá apreciar a quienes son sus verdaderos amigos. Independientemente de la cantidad de nuevos conocidos que hagan, al final del día, Leo siempre estará allí para un amigo que lo necesite porque es leal y confiable.

Por supuesto, el carácter y la simpatía de Leo también se traducen bien en las relaciones de negocios. Los Leo aportan energía, creatividad, inspiración y liderazgo a su lugar de trabajo. Los Leo pueden ser supervisores sólidos, especialmente si tienen las habilidades profesionales y comprenden los detalles de un proyecto. Con conocimientos técnicos y sus habilidades sociales, los Leo pueden construir equipos muy eficientes y hacer muchas cosas importantes. Aun así, el asertivo y confiado leo a veces puede ser malinterpretado como mandón o egocéntrico, pero este rara vez será el caso una vez que lo conozca.

Trabajo

El amor de Leo por la atención y por ser el centro de todo ya puede darle algunas ideas acerca de los trabajos que disfrutarán. Como también son creativos, les va bien como intérpretes de todo tipo, desde comediantes hasta músicos, actores y otros tipos de artistas. Su personalidad colorida y su confianza a veces pueden combinarse con un don para los negocios, por lo que los Leo pueden terminar por ser vendedores bastante exitosos. Otros trabajos que dependen del encanto, el carácter y el poder de persuasión también suelen ser adecuados para el león.

Para Leo, tener su personalidad y su carácter empantanados en un trabajo aburrido donde sus cualidades están enterradas bajo una rutina estricta e interminable sería algo muy difícil de vivir. Como mínimo, el trabajo de Leo debe ser dinámico y estimulante, pero lo ideal es, sin duda, una carrera en la que estén en el centro. Los Leo también son exitosos políticos y abogados por razones obvias. Ambas líneas de trabajo le permiten a Leo cumplir con otra de sus pasiones, que es inspirar a la gente. Algunos Leo buscarán una carrera basada únicamente en eso, lo que los convertirá en buenos oradores inspiradores y entrenadores.

Al igual que los Tauro, los Leo disfrutarán de los lujos y otras cosas buenas de la vida, todas las cuales cuestan dinero. Sin embargo, cuando Leo encuentra la carrera perfecta y se pone a trabajar, no tendrá problemas para ganar ese dinero. Sin embargo, esas ventajas y comodidades materiales son simplemente una gratificación, y un león nunca estará contento viviendo en una jaula, sin importar el salario que le ofrezcan. Si un trabajo es aburrido, y no permite que su gran carácter brille y se contagie a otras personas, será un trabajo sin futuro para Leo.

Llevarse Bien con un Leo

Casi todo el mundo puede llevarse bien con un Leo, pero relacionarse con un Leo puede ser algo difícil para algunos signos. Pero los Leo no son complicados y generalmente son muy agradables sin mucho esfuerzo. Lo primero y más importante es ser *directo*, como mencionamos brevemente anteriormente. Mientras más honesto y directo sea acerca de sus deseos, intenciones, preocupaciones o cualquier cosa en su mente, mejor será la calidad de su comunicación con Leo. Los Leo generalmente tienen poca paciencia con la sutileza, los juegos mentales y la ambigüedad.

Lo que también es importante es dejar que Leo sea lo que realmente es. Los Leo son personas entusiastas, amantes de la diversión y generosas, por lo que debe permitirles ser ellos mismos en este ámbito. Trate de evitar que sea un gran problema si le dan regalos, por ejemplo. En cambio, simplemente siga adelante y dele las gracias a Leo. A veces, los amigos de Leo deben criticarlos o hacerlos retroceder de alguna manera, pero haga todo lo posible para no hacer llover en el desfile de Leo a menos que deba hacerlo. Los Leo esperan que sus amigos se diviertan y compartan su alegría, así que, si su amigo Leo no está haciendo nada peligroso, no los derribe solo porque no lo encuentra divertido.

A los Leo también les gusta que los animen, aprecien y les digan palabras amables. Si usted es alguien importante en la vida de Leo, recuerde que a estas personas les importa la aprobación y la confirmación. Cuando los Leo están haciendo algo, recibir aliento y comentarios positivos de las personas que importan puede ser un poderoso impulso.

Capítulo Seis: Virgo – La Virgen

La temporada de Virgo ocupa un lugar después del verano entre el 23 de agosto y el 22 de septiembre. Gobernando la sexta casa, Virgo está regido por Mercurio y es un signo de tierra con modalidad mutable. Virgo está simbolizado por la doncella o la virgen y se ha observado e interpretado desde la antigua Babilonia. En Babilonia, la constelación de Virgo estaba personificada en la diosa Shala, la diosa de la cosecha y la fertilidad, aspectos de la vida que eran de suma importancia para los babilonios. Esta interpretación, especialmente en lo que respecta a la agricultura, continuó evolucionando en la misma línea a través de las antiguas sociedades griega y romana.

Siendo un signo de finales de verano, la doncella ocupa un período de calor y luz diurna decrecientes y días más cortos. A medida que se acerca el equinoccio de otoño, llega un momento de recolección y cosecha, lo que se traduce en la naturaleza terrenal y la destreza de Virgo en la organización. Siendo el segundo signo mutable, nacido durante una época de estaciones cambiantes, Virgo está impregnado de energía y naturaleza adaptables y cambiantes. El elemento tierra del signo proporciona una influencia que hace que muchos Virgo sean muy eficientes y laboriosos.

En Virgo, al igual que en Géminis, Mercurio es una influencia importante que hace que los nacidos bajo el signo sean ingeniosos y analíticos. La doncella probablemente caerá bajo la influencia perjudicial si Júpiter está en Virgo. La influencia de Júpiter se observa en Piscis, quien está condicionado por esta influencia a ser un explorador de grandes extensiones. Esta energía entrará en conflicto con la inclinación de Virgo por una organización estricta y su atención a los detalles. En términos prácticos, esta ubicación tiene el potencial de crear una versión de Virgo con los rasgos tradicionales del signo amplificados hacia un extremo negativo. La atención obsesiva a los detalles y un enfoque extremo en el control en cada situación pueden ser algunas de las consecuencias.

Rasgos de Personalidad

La mayoría de los rasgos y cualidades de Virgo se pueden clasificar como femeninos, receptivos y yin, a diferencia de Leo, por ejemplo, cuyos rasgos son activos, masculinos y yang. Como tal, Virgo está más orientado hacia el interior, lo que hace que aquellos nacen bajo el signo sean más adeptos a la introspección. Virgo posee una visión más profunda de su propio mundo interior, con una elevada conciencia de sí mismo.

Los Virgo son meticulosos, adaptables, mentalmente ágiles y, por lo general, tienen al menos un par de habilidades inequívocas. En Virgo, normalmente encontrará a una persona astuta que también aprende muy rápido. Estas personas están bendecidas con una mente clara y observadora que les permite pensar en términos claros y objetivos. A los Virgo también les gusta proyectar esta racionalidad y practicidad en el mundo mientras disfrutan de poner el orden en el caos A las personas bajo este signo les encanta mejorarse a sí mismos y a todo y a todos que las rodean, pero también tienen los pies en la tierra, lo que las protege de las trampas de la arrogancia y el engreimiento. La doncella también es comunicativa y tiende a ser emocionalmente inteligente. Esto y su disposición a ayudar es la razón por la que Virgo a menudo es la persona que tiene valiosos consejos para los demás. Virgo utilizará sus habilidades técnicas para ayudar a los demás en sus esfuerzos físicos, así como su sabiduría y conciencia internas para brindarles apoyo emocional y de otros tipos.

Uno de los mayores problemas de Virgo es cuando su mente analítica y astuta se vuelve demasiado activa. En casos extremos, algunos Virgo pueden colapsar bajo el peso de sus propios pensamientos, sufriendo de ansiedad, preocupación excesiva y muchas noches sin dormir. La inclinación natural de Virgo a servir y curar a otras personas también puede volverse extrema, lo que lleva a las doncellas a descuidarse por completo a sí mismas y a sus propias necesidades. Otros extremos a los que los Virgo pueden llegar cuando se desequilibran incluyen ser demasiado críticos con los demás o de ellos mismos.

Compatibilidad

Virgo es altamente compatible con los signos de agua y tierra, mientras que los signos de fuego y aire pueden requerir que la doncella haga un esfuerzo adicional para que funcionen juntos en cualquier capacidad. Virgo es otro signo práctico y organizado que puede beneficiarse de la saludable dosis de vulnerabilidad y sofisticación emocional que los signos de agua pueden aportar. Al igual que con otros signos, Cáncer tratará a Virgo con mucho cuidado, pero Virgo puede devolverle el favor. Los propios rasgos de cuidado y atención de Virgo a veces le darán a Cáncer algo de respiro, lo cual es un cambio bienvenido para los Cáncer, ya que ellos hacen todo el cuidado para la mayoría de los otros signos. Virgo también se llevará bien con Piscis, con quién disfrutará de una relación de atracción de aspectos positivos. La gran polarización entre el ordenado y práctico Virgo y el filosófico y el abstracto Piscis puede crear una maravillosa relación complementaria cuando se alcanza un entendimiento. Como suele ser el caso, Escorpio puede infundir magnetismo sexual en esta relación, además de otros intereses que Virgo y Escorpio podrían tener en común.

Entre los signos de tierra, Capricornio y Tauro son excelentes combinaciones para Virgo simplemente porque tienen mucho en común, especialmente con su énfasis en la estabilidad, organización y practicidad. Capricornio y Virgo, ambos perfeccionistas por naturaleza, pueden hacer cosas increíbles cuando unen sus dos mentes. Como mencionamos anteriormente, Tauro también aporta mucho a Virgo en cuanto a intereses comunes, pero una de las mayores fortalezas de estas relaciones es la habilidad de Virgo para mantener bajo control la indulgencia de Tauro. Dos Virgo también son una gran combinación en muchos contextos, incluidas las relaciones románticas.

Como antes, a este signo de tierra le resulta muy difícil establecer una relación significativa y un entendimiento mutuo con signos de fuego. Virgo comparte su modalidad mutable con Sagitario, que es un terreno común que podría conducir a una comunicación sólida, pero la naturaleza y el estilo de vida de los dos son tan fundamentalmente diferentes que probablemente no importará al final. Los signos de aire no están ni aquí ni allá, ya que pueden traer diferencias irreconciliables a la mezcla, pero todavía hay. En última instancia, estos se combinan para producir los resultados más variables.

Amor

Los Virgo son sensuales, sutilmente apasionados y no rehuyen al compromiso. El simbolismo de Virgo de la doncella o virgen también simboliza en gran medida la forma en que están enamorados. Los Virgo tienen cuidado al embarcarse en una nueva aventura romántica y no se enamorarán de alguien tan fácilmente. Son parejas muy cariñosas y devotas, pero puede llevar tiempo y esfuerzo lograr que se involucren emocionalmente. Sin embargo, una vez que Virgo ha juzgado que alguien es la persona adecuada, su amor se abrirá como una flor y demostrarán una inmensa devoción y fidelidad.

El introspectivo Virgo puede parecer desinteresado y frío en la superficie, pero aquellos que logran acercarse a él sabrán que Virgo es increíblemente apasionado y puede ser muy sentimental. Esta pasión oculta es como un tesoro oculto que recompensará a la persona digna de llegar a Virgo y convertirse en su pareja romántica. Además de ser apasionado, Virgo también ayuda y apoya a su pareja. Su influencia estabilizadora puede hacer maravillas para mejorar a alguien. Es común que Virgo sea ese socio que coloca a una persona en el camino correcto en la vida. Incluso si la relación en sí no sobrevive a largo plazo, la influencia positiva permanecerá con la pareja de Virgo para siempre.

Para Virgo, es muy importante que se conecten intelectualmente con su pareja porque encuentran que las relaciones basadas en la conexión intelectual son las más estimulantes. Además, Virgo es la persona que se enfoca desinteresadamente en aprender todo lo posible sobre su pareja, incluidos sus intereses, peculiaridades, cualidades y otras características únicas. A cambio, Virgo esperará o al menos disfrutará lo mismo. De hecho, con Virgo, todo se trata de cosas pequeñas y personales. Incluso un regalo caro de su pareja no significará mucho para Virgo si es irreflexivo, automático, preprogramado o un cliché. Virgo será mucho más feliz si le da un obsequio sin valor hecho a mano, siempre que tenga su toque personal y simbolice su comprensión del carácter único de Virgo y la conexión que comparten.

Otras Relaciones

Con las amistades, Virgo se parece mucho al cangrejo en el sentido que su naturaleza reservada y orientada hacia adentro hace que sea un poco más difícil acercársele. No serán tan cuidadosos como lo son al elegir una pareja romántica, pero definitivamente tomarán tiempo para acostumbrarse a una persona hasta el punto en que puedan considerarlos un verdadero amigo y sentirse cómodo a su alrededor.

Es probable que Virgo sea tímido, pero esto no significa que no le guste interactuar con la gente. Pero a los Virgo les gusta establecer una conexión con alguien nuevo, pero no siempre se sienten cómodos iniciando el contacto. Dependiendo de su carácter, es posible que tenga que romper el hielo y hacer que Virgo hable. La mejor manera de interactuar con Virgo es a través de temas intelectuales lo suficientemente interesantes como para despertar su curiosidad. Una vez que se abre y comienza a hablar sobre un tema que le resuena, Virgo puede abrir un lado comunicativo completamente nuevo que usted no había visto antes.

En las relaciones profesionales, los Virgo generalmente son muy buenos empleados en la mayoría de las líneas de trabajo. En lugar de hablar demasiado o desperdiciar su energía de alguna otra forma, Virgo preferirá concentrarse en su proyecto y hacer el trabajo. Esto le dará buenos puntos con muchos supervisores. Tienen una mente analítica y una gran capacidad de pensamiento crítico, por lo que también son buenos para resolver los problemas de otros compañeros de trabajo. Si Virgo se vuelve demasiado crítico como pueden hacerlo a veces, esto puede generar problemas tanto en el lugar de trabajo como entre amigos. Por lo tanto, algunos Virgo deben hacer un esfuerzo adicional para filtrar las cosas que dicen y mantener sus críticas en el ámbito de los consejos bien intencionados.

Trabajo

Como ya mencionamos, los Virgo son contemplativos, reflexivos, analíticos y tienen un ojo agudo para todo tipo de detalles. Estas cualidades hacen que Virgo sea excelente para ciertos trabajos y determinan qué líneas de trabajo le agradarán a la doncella. El elemento tierra de Virgo bendice al signo con estabilidad y confiabilidad, pero el signo también es mutable, lo que significa que necesitan que su trabajo sea al menos algo estimulante y dinámico. Sin embargo, la agenda en sí no tiene por qué ser dinámica. Virgo funcionará mejor cuando su trabajo les dé consistencia y estructura y cuando su propósito esté definido. Lo que entusiasmará a Virgo sobre su lugar de trabajo son los nuevos proyectos que vienen como parte de ese trabajo.

Los Virgo serán muy útiles para organizar un equipo o un lugar de trabajo, incluso si no siempre se sienten como líderes. Como tal, a Virgo le irá bien como la persona que un supervisor podría emplear como ayudante o consultor para ordenar el lugar. A los Virgo no les gusta el desorden, ni físico ni de ningún otro tipo, por lo que disfrutarán poniendo las cosas en orden.

Virgo también hará un excelente trabajo en cualquier tipo de análisis de datos o trabajo similar donde su mente analítica y meticulosa pueda examinar información. Los tenedores de libros, contadores, analistas de diferentes tipos, verificadores de hechos, editores y otras personas que deben estar atentas a los detalles más finos suelen ser Virgo. A las personas nacidas bajo Virgo les va bien con los idiomas y la literatura, por lo que a menudo son buenos escritores, traductores y profesores. En general, los Virgo son buenos para transmitir la información y el conocimiento que tienen y explicárselo a los demás. Además de enseñar, Virgo puede desempeñarse bien como entrenador, tutor o terapeuta.

Llevarse Bien con un Virgo

El primer y quizás peor error que puede cometer con Virgo es asumir que son fríos y sin emociones solo porque no son particularmente expresivos. Como discutimos, los Virgo simplemente no son muy abiertos y no están ansiosos por compartir sus pensamientos y sentimientos internos. El Virgo con el que se ha encontrado puede ser muy sentimental, pero le llevará tiempo descubrir ese lado de su naturaleza. Por lo tanto, debe recordar darle espacio a Virgo y recordarle que se preocupa por él a través de acciones pequeñas que lo demuestren.

Una vez que descubra que Virgo es una persona generosa con mucha comprensión y perdón hacia los demás, será su responsabilidad no aprovecharse de esas cosas. Virgo casi siempre le dará el beneficio de la duda y una segunda oportunidad, pero en lugar de solo disculparse y volver a lo que sea que le atrapó en primer lugar, debe esforzarse por demostrar a través de la acción que Virgo hizo lo correcto para brindarle ese beneficio.

También debe recordar cuán analíticos son los Virgo. Les encanta pensar y, de vez en cuando, entrarán en un modo de pensamiento excesivo. Si no está listo para lidiar con eso, probablemente experimente un poco de frustración cuando Virgo comience a obsesionarse con algo o se ponga ansioso. Pueden llegar a un alto estado de esto y ceder a sus inseguridades. Lo mínimo que puede hacer es no empeorar las cosas echando leña al fuego. Sin embargo, si sabe cómo calmar a este Virgo en particular, intente hacerlo.

Finalmente, esté preparado para recibir más críticas de su Virgo, sin importar lo cercanos que sean y lo bien que se conozcan. Los Virgo no ven esto como una forma de atacarlo o de herir sus sentimientos. Simplemente son personas analíticas que les gusta mantener las cosas lo más perfectas posible, y lo analizarán y comentarán cualquier cosa sobre usted como lo harían con cualquier cosa o cualquier otra persona en la vida. Cuando la crítica sea válida y constructiva, tome lo que pueda y siga adelante. De lo contrario, haga todo lo posible para mantener las cosas frescas y mantener a ambos ocupados con otra cosa.

Capítulo Siete: Libra – La Balanza

Libra, simbolizado astrológicamente por la balanza, tiene un rango de fechas de nacimiento que cae entre el 23 de septiembre y el 22 de octubre. Libra es un signo de aire con modalidad cardinal y está regido por Venus mientras ocupa la séptima casa. La temporada de Libra comienza justo después del comienzo del otoño en el hemisferio norte, justo en el equinoccio de otoño. El significado simbólico del equinoccio de otoño para Libra radica en el hecho de que este día tendrá la misma luz y oscuridad. Esto está en consonancia con los atributos arquetípicos de la balanza, incluida la igualdad, el equilibrio, la justicia, etc.

Siendo el tercero de los cuatro signos con modalidad cardinal, Libra marca el inicio del otoño y, por lo tanto, está impregnado de iniciativa y liderazgo, como otros signos que presagian nuevas estaciones. El elemento aire de libra también es muy importante porque es la fuente de su adaptabilidad, sociabilidad y flujo natural. Libra es una personalidad muy activa que no tiene reservas a la hora de establecer contactos sociales y explorar el mundo.

Venus, que es una fuerza de paz, amor y diplomacia, puede alcanzar su máximo potencial en Libra. Por lo tanto, no es sorprendente que la gracia, la elegancia y la amabilidad sean algunos de los atributos de Libra. En cuanto al planeta que está exaltado en Libra, ese sería Saturno, el planeta que otorga estoicismo, ingenio, disciplina y un sentido del deber. Esta es una influencia muy positiva y adecuada para Libra, a quien Saturno puede convertir en un individuo increíblemente equilibrado y amable al que los demás admirarán. El pacífico y diplomático Libra estará bajo la influencia perjudicial cuando Marte entre en el signo, como es de esperar. Aquellos con Marte en Libra pueden terminar un poco reacios a confrontar y resistir. La séptima casa de Libra, también conocida como la casa del equilibrio o, a veces, la casa de las relaciones, es otra influencia importante en este signo. Esta es una de las principales influencias detrás de la naturaleza y destreza sociable de Libra.

Rasgos de Personalidad

Como probablemente pueda deducir, Libra es un signo orientado hacia el exterior al que le encanta interactuar con el mundo, explorar y, especialmente, hacer contacto y establecer conexiones con las personas con las que se encuentran. Libra también se destaca por unir a las personas, ayudarlas a superar conflictos y, en general, mejorar la cohesión de cualquier equipo o comunidad en la que se encuentre Libra.

Como tal, Libra suele ser un excelente oyente que no solo se sienta en silencio mientras otros hablan, sino que realmente entiende lo que están diciendo. Los Libra a menudo ponen a otras personas en primer lugar, especialmente en el interés de un bien común, por lo que tienen una gran capacidad para sentir empatía y abordar los agravios de las personas. El planeta regente de Libra infunde a este signo amor, equilibrio y curación, todo lo cual será proyectado en el mundo por la balanza. Libra también es el tipo de persona que se preocupa profundamente por la justicia, tanto en la vida cotidiana como en el ámbito social más amplio. En general, los Libra son altamente identificables, agradables, diplomáticos y fáciles de tratar porque siempre hacen un esfuerzo adicional para resolver las cosas entre las personas. Los Libra también suelen ser artísticos o, al menos, aprecian mucho el arte, gracias a su fuerte sentido estético.

Al igual que con otros signos, muchos de los aspectos negativos de Libra provienen de sus virtudes, cuando se llevan demasiado lejos o se distorsionan. La lucha de Libra es, en cierto modo, lo opuesto a la lucha por la que deben pasar algunos signos más confrontacionales como Aries. Es decir, los Libra a menudo corren el peligro de volverse demasiado diplomáticos y desconfiar de la confrontación. Por lo tanto, los Libra a veces pueden caer en la trampa de la pasividad, al menos con respecto a sí mismos y sus intereses.

Además de permitir que otros pasen por encima de ellos, estos Libra también estarán demasiado retraídos e indispuestos a compartir sus verdaderos sentimientos. Cuando pasan demasiado tiempo reprimiendo estos sentimientos, los Libra pueden volverse inestables. Otro problema que puede surgir con Libra es la indecisión. Debido a que los Libra son tan diplomáticos y cuidadosos al considerar todos los lados del argumento o cualquier otra situación en la vida, es fácil para ellos caer en un estado en el que pasan demasiado tiempo analizando en lugar de actuando. Sin embargo, uno de los mayores escollos de Libra es la pérdida de la autoestima. Es por eso que a los Libra, especialmente a los niños, se les debe recordar de vez en cuando que ellos también merecen atención, amor y comprensión, todas esas cosas que Libra le da a los demás.

Compatibilidad

Los espíritus afines de Libra generalmente se encuentran entre otros signos de aire, así como signos de fuego, mientras que los otros dos grupos pueden ser bastante impredecibles. Como es habitual, el aire alimentará al fuego, por lo que la relación con los signos de fuego será en su mayoría complementaria y muy funcional. Los Libra y Leo se llevan bien como guisantes y zanahorias debido a su naturaleza extrovertida compartida y la pasión de Leo. Debido a que Libra es muy sociable, es probable que se lleve bien con la disposición aventurera de Sagitario. La relación entre Libra y Aries probablemente será una atracción de opuestos donde Libra tendrá una forma de poner un lazo a la naturaleza exaltada de Aries.

Con signos de aire, Libra puede enriquecer enormemente la vida de Géminis y Acuario. Acuario es un compañero natural de conversación para Libra, ya que ambos tendrán un flujo interminable de ideas y opiniones para compartir y discutir. Acuario a veces se queda atrás de Libra en ciertas áreas, particularmente el romance y el afecto, por lo que Libra podría tener que mostrar paciencia en ese sentido de vez en cuando. Con otros Libra, este signo puede crear una serie de relaciones muy interesantes y, por lo general, muy funcionales. La pasión combinada de dos Libra puede mover montañas.

Como de costumbre, los signos de agua brindan madurez emocional y la vulnerabilidad de la que carecen algunos signos, de la que Libra puede beneficiarse. Sin embargo, es probable que algunos rasgos que tiene Libra eventualmente generen problemas. Por ejemplo, Cáncer tendrá problemas similares con Libra que tendría con Leo, principalmente en relación con la sociabilidad y actitud extrovertida de Libra. El filosófico y sentimental Piscis podría terminar frustrado por la falta de voluntad de Libra para explorar mayores profundidades emocionales en lugar de mantener las cosas casuales. En cuanto a Escorpio, no tendrá mucho en común con Libra. Si bien Libra puede obtener cierta influencia estabilizadora de los signos de tierra, estos signos seguirán siendo un misterio para la mayoría de las balanzas. Las relaciones de corta duración podrían ser explosivamente placenteras, pero las perspectivas a largo plazo dejan mucho que desear. Sin embargo, fuera de las relaciones románticas y las amistades serias, Libra puede llevarse bien con los signos de tierra, ciertamente lo suficiente como para hacer un trabajo.

Amor

A Libra no le gusta estar solo, así que cuando no tenga pareja, buscará una. Libra puede hacer de esto un esfuerzo consciente y activo, o puede surgir de forma natural con poco pensamiento. La naturaleza altamente sociable de este signo les permite hacer contactos fácilmente dondequiera que vayan, y siempre existe la posibilidad de que algunos de esos contactos tengan potencial romántico. Libra tiene una forma de hacer que su pareja sienta que la balanza es simplemente la pareja perfecta e ideal.

Una forma de decir esto es que Libra ama amar. Las personas nacidas bajo este signo son del tipo que se enamora fácil e intensamente. Por lo tanto, los Libra generalmente tienen bastantes relaciones, más que la mayoría de los otros signos, antes de establecerse con alguien definitivamente. Sin embargo, una vez que se establezcan, los Libra demostrarán que son más que capaces de comprometerse a largo plazo. Las relaciones de Libra se beneficiarán de su capacidad y voluntad para hacer las paces y mantener las cosas en equilibrio. Los Libra detectarán naturalmente los rasgos de su pareja con los que necesita equilibrarse, que es una de las principales formas en que hacen funcionar la relación.

En general, los Libra tienden a ser muy atractivos para los demás porque siempre tienen alguna cualidad que los hace muy atractivos. Ya sea que se trate de una buena apariencia, estilo de ropa, encanto, o una combinación de numerosos factores, generalmente Libra no tiene problemas para atraer a una potencial pareja. Son muy buenos para hacer que las personas se sientan especiales, lo que pueden hacer intencional o instintivamente. Al igual que a Libra le gusta dar amor, también lo espera a cambio. A menos que su pareja haga un esfuerzo y se comprometa, las habilidades de equilibrio natural de Libra probablemente no serán suficientes, sin importar cuán poderosas sean.

Otras Relaciones

El acto equilibrador de Libra juega un papel importante en sus otras relaciones, especialmente amistades. Los Libra tienen una forma de infundir a sus amigos sentimientos de fuerza y adecuación que pueden ayudarlos a superar sus problemas. Como tal, Libra será una gran fuente de aliento y motivación para las personas que lo rodean, especialmente para sus personas cercanas. Cuando un querido amigo tiene un problema con el que está luchando, Libra lo tomará como algo personal y hará que su misión sea ayudar a su amigo a superar ese obstáculo.

Al extrovertido y sociable Libra le gusta divertirse, por lo que casi nunca hay escasez de conocidos y eventos en sus vidas. El disfrute de la novedad y la experimentación de Libra también los convierte en el tipo de amigo que con gusto emprenderá todo tipo de aventuras. Son personas de mente abierta, que es una cualidad que pueden inspirar en otras personas más inertes, inspirándolos a salir de su caparazón y explorar nuevos territorios. En gran parte, esto se aplica a la relación de Libra con su familia. Libra será muy devoto de su familia, y a menudo será la persona que une la división y siembra la paz y armonía entre parientes y hermanos.

Mantener relaciones exitosas en los negocios y el trabajo es algo natural para Libra. La sociabilidad contribuye en gran medida a facilitar la comunicación, pero los Libra también son buenos líderes, y su trabajo puede beneficiarse de su creatividad. Sin embargo, por muy sociables que sean, a los Libra en general les irá bien cuando se les asigne proyectos en los que puedan trabajar solos. Sin embargo, esto de ninguna manera afecta su capacidad para establecer relaciones de negocios. En general, los poderes equilibradores y las habilidades sociales de Libra pueden mejorar significativamente las relaciones en el lugar de trabajo, incluso entre otros trabajadores.

Trabajo

Trabajar con otras personas, especialmente cuando puede ayudar, es lo que mejor hace Libra. Debido a sus habilidades relacionales y un fuerte sentido de la justicia, Libra brillará en profesiones que giran en torno a ayudar a los desfavorecidos y desafortunados. Libra disfrutará arreglando cosas para las personas, participando en negociaciones, y simplemente mejorando las cosas en general.

La estimulación y satisfacción que Libra busca casi nunca se pueden encontrar en trabajos que impliquen demasiada rutina estancada o aislamiento de los demás. Libra necesita mantenerse activo y experimentar cosas y desafíos nuevos, por lo que permanecer en un lugar durante demasiado tiempo puede desgastar a este signo.

El agudo sentido de la estética, la creatividad y el deseo de Libra de hacer todo más hermoso generalmente hacen que este signo sea una buena opción para todo tipo de disciplinas artísticas. Si un medio en particular permite que Libra inspire a otros, cree obras de belleza y exprese ideas, esa forma de arte será satisfactorio para él. En ese sentido, Libra también podría estar satisfecho con un trabajo similar que podría no considerarse arte per se, al menos no en el sentido tradicional. Por ejemplo, muchos Libra disfrutarán trabajando como diseñadores de interiores.

Por supuesto, el amor de este signo por la justicia a menudo los lleva por el camino hacia una carrera en leyes, por lo que pueden encontrarse en los tribunales como abogados o incluso como jueces. También podrían terminar siendo negociadores en diferentes capacidades, incluso en el trabajo diplomático internacional. En este y otros ámbitos, los Libra también pueden ser buenos traductores si nacen con un don para los idiomas. Facilitar y mejorar la comunicación de las personas es algo que los Libra pueden hacer en profesiones muy diferentes, incluida la consejería matrimonial. Los factores antes mencionados combinados hacen que muchos Libra sean aptos para la política, por lo que es común que alcancen cargos bastante altos en posiciones de liderazgo importantes.

Llevarse Bien con un Libra

Siendo tan orientado hacia el exterior y expresivo con afecto, Libra responderá bien al mismo trato de su parte. Esto significa que los cumplidos pueden llevarlo lejos con Libra. Si es bueno en algo o simplemente está usando un atuendo muy bonito, haga todo lo posible por hacerlo notar y felicitarlo por ello.

Otra excelente manera de establecer una conexión con Libra desde el principio es algo hermoso y altamente estético. Por ejemplo, visitar una galería de arte, un museo o cualquier otra cosa que implique belleza, especialmente belleza artística, es una gran idea para una primera cita con Libra. Mejor aún, si es algo que su Libra nunca ha visto o experimentado, será mejor aún porque disfrutan mucho de la novedad.

Debe dejar que Libra se haga cargo cuando sea necesario porque sus afinidades naturales de liderazgo deben salir a la superficie tarde o temprano. Lo mejor que puede hacer es brindarle a Libra un poco de apoyo y una guía sutil. Por ejemplo, si está liderando un proyecto, es probable que se le ocurran un montón de estrategias o enfoques y tengan dificultades para elegir la correcta. Si lo ayuda a tomar esa decisión y se apega a un enfoque, habrá proporcionado exactamente la influencia de base que Libra necesita de usted.

En general, es posible que Libra no responda bien a las críticas duras, y tampoco les gusta confrontar a la gente. Debe evitar ese enfoque cuando intente llegar al fondo de un problema o conversar de manera significativa con Libra. Es mejor verlos de buen humor y ser completamente abierto y comunicativo sobre sus deseos, inquietudes, u otras cosas que crea que deben discutirse.

Capítulo Ocho: Escorpio – El Escorpión

Simbolizado por el escorpión y originario de la constelación de Escorpio, los Escorpio nacen entre el 23 de octubre y el 21 de noviembre. Este signo de agua tiene una modalidad fija y está regido tanto por Marte como por Plutón, todo mientras ocupa la octava casa. En cuanto al simbolismo, la constelación de Escorpio ha sido observada y se ha reflexionado acerca de ella desde la antigua Babilonia. Esta constelación incluye una estrella roja particular llamada Antares. En muchas tradiciones, este ha sido considerado el llamado "corazón del escorpión" y un rival de Marte.

La naturaleza de Escorpio además está simbolizada por la estación que ocupa el signo en el zodíaco tropical occidental y el hemisferio norte, que es uno en que la energía del sol se debilita y la oscuridad gana terreno frente a la luz. Al igual que esta estación, Escorpio a veces puede parecer oscuro y sombrío, y, sobre todo, misterioso. No es que los Escorpio sean siempre melancólicos o taciturnos como el otoño, pero en gran parte están orientados hacia adentro, por lo que podrían dar esa impresión.

Como siempre, la modalidad y el elemento son influencias importantes que dan forma a la naturaleza de Escorpio, como el tercero de los cuatro signos fijo que ocupa una posición a mediados del otoño, Escorpio suele ser el más fijo de los cuatro. Esta es una fuente de muchas de las fortalezas de Escorpio, pero también una de sus debilidades. El elemento agua de Escorpio suele ser la influencia que equilibra su modalidad fija y bendice al signo con creatividad, una mente investigadora e intuición.

Escorpio es otro signo regido de manera dual. Según la astrología clásica, Marte rige a Escorpio como Aries, pero también tiene un regente moderno en Plutón. La razón por la que este planeta es considerado como el regente moderno es que Plutón fue descubierto en 1930. En la tradición astrológica clásica, Escorpio es el domicilio nocturno de Marte, mientras que Aries es el diurno. Esto significa que la influencia de Marte en Aries es pronunciada, fuerte y obvia para todos, mientras que en Escorpio es sutil y oculta, como una segunda naturaleza. Escorpio tiene la misma capacidad de agresión y fuerte ambición que Aries, pero Escorpio será mucho más calculador y reservado en la forma en que usa estos poderes, siendo el perro proverbial que no ladra, pero ciertamente puede morder. El co-regente Plutón trae algunos de los temas y aspectos característicos de la vida de Escorpio, incluida la introspección, destrucción y poder.

Rasgos de Personalidad

Los Escorpio son personas curiosas a las que les encanta investigar cosas y otras personas. Son las personas que hacen las preguntas reales y tienen poco uso para la charla inútil y las preguntas triviales que comprenden poco más que una cháchara. De alguna manera, Escorpio siempre va directo a la esencia de las cosas y sabe cómo descubrir todo lo que hay detrás. Además de sus mentes investigadoras y curiosas, los Escorpio también son guiados por una intuición fuerte y precisa.

A menudo, Escorpio será un gran trabajador y una persona con una fuerte determinación que conoce la devoción. Debido a su diligencia, trabajo arduo, creatividad y mente investigadora, los Escorpio a menudo se encuentran realizando investigaciones o desarrollando varios estudios. El escorpión es el tipo de persona que acepta un trabajo y se asegura de que la tarea se complete. Los Escorpio también son conocidos por su paciencia y cálculo en todo lo que hacen, especialmente cuando interactúan con otras personas.

A veces los Escorpio pueden parecer nerviosos, sombríos o fríos, pero esto es solo una fachada natural que resulta de su orientación hacia adentro y su profunda contemplación. Como tal, Escorpio a menudo puede ser el proverbial forastero y alguien a quien otros considerarán peculiar. Escorpio es más que capaz de establecer vínculos profundos con los demás. Una vez que alguien ingresa a su mundo y se forma un vínculo, Escorpio revela una pasión y devoción ilimitadas. Si bien puede ser difícil para usted ganarse la confianza de un Escorpio, quedará claro que el esfuerzo valió la pena una vez que lo haga.

Uno de los problemas potenciales con Escorpio es el detrimento de Venus, la diosa del amor. Cuando Venus entra en este signo, Escorpio puede desequilibrarse, especialmente en su capacidad de amar y conectarse con otra persona. Las personas con esta ubicación tienen demasiado amor y afecto o muy poco, a veces incluso, en ambos casos, entran en conflicto con las normas sociales.

Los Escorpio también pueden volverse problemáticos cuando su devoción y trabajo duro se convierten en obsesiones. Estos Escorpio tienden a volverse demasiado rígidos y cualquier cambio significativo puede resultarles muy difícil. Lo mismo puede aplicarse a la (falta de) voluntad de Escorpio de permitir que personas nuevas entren en su vida, ya que puede ser notoriamente lento para confiar en alguien. Los Escorpio también a menudo son personas que tienen un gran interés en todas las cosas oscuras lo que, a veces, puede hacer que se concentren demasiado en ese lado de la vida, lo que lleva a todo tipo de pensamientos oscuros.

El lado oscuro de la naturaleza y la condición humana tiene una forma de contagiar a Escorpio, lo que puede ser un problema grave, ya que muchos Escorpio se encuentran como en casa trabajando con personas con problemas como consejeros, trabajadores sociales, etc. Los Escorpio prosperan con la comprensión y el apoyo, especialmente desde una edad temprana. Por ejemplo, si tiene un hijo Escorpio, es importante no avergonzarlo cuando exprese interés en cosas que son algo poco convencionales.

Compatibilidad

La compatibilidad con Escorpio dicta que este signo funcionará mejor en compañía de otros signos de agua y de tierra. Existe el potencial de un romance explosivo, apasionado e intenso entre dos Escorpio, desde el punto de vista sexual y otros. La vida puede ser toda una aventura cuando dos Escorpio se juntan, especialmente cuando se combinan las ganas de explorar y desmitificar el mundo. Incluso cuando dos Escorpio son demasiado parecidos y tienen defectos, tienden a entenderse y empatizar bien entre sí. Los Escorpio también se llevan muy bien con los Cáncer, principalmente porque comparten las mismas sensibilidades y comodidades, especialmente en lo que respecta a la privacidad y el hogar. Piscis es otro signo con el que a los Escorpio les gusta refugiarse. Los dos se complementan bien y, a menudo, comparten muchos de los mismos intereses.

Entre los signos de tierra, Capricornio se distingue como un buen compañero de trabajo de Escorpio, y alguien con quien Escorpio puede divertirse durante el tiempo libre. Las habilidades organizativas de Capricornio y su capacidad para construir complementarán bastante bien el impulso de investigación y exploración de Escorpio en muchos proyectos. En las relaciones románticas, Virgo usualmente es la mejor combinación, lo que lo convierte en un excelente compañero para el escorpión. Además de una alta probabilidad de que compartan intereses, los dos también se llevan bien porque ambos anhelan la perfección en el amor. Tauro, al contrario, puede ser una fuente de gran atracción para Escorpio. Este encuentro puede ser una gran historia de atracción opuesta, pero pueden surgir problemas si ambos ceden a su natural falta de voluntad para comprometerse.

La volatilidad que viene con los signos de fuego es algo que la mayoría de los Escorpio no apreciarán demasiado, ya que es lo opuesto a la naturaleza sutil, privada y restringida de Escorpio. A pesar de que están uno al lado del otro en el zodíaco, Sagitario y Escorpio no tienen prácticamente nada en común. Las relaciones son similares a las de Aries, aunque Marte gobierna a Escorpio como el carnero. Hay más puntos en común con Leo, pero es probable que los dos eventualmente entren en conflicto cuando tomamos en cuenta sus celos, terquedad y pasión.

Cuando los Escorpio se acostumbran demasiado a sus formas solitarias y retraídas, encontrarse con un signo de aire sociable y animado puede ser una agradable ola refrescante. Sin embargo, a largo plazo, es probable que el escorpión se canse de la variabilidad de estos signos. Acuario es una posible excepción, ya que hay algo de terreno en común con Escorpio, pero el (potencial) problema es que este terreno en común gira en gran medida en torno a la terquedad de los signos y su amor por el debate.

Amor

Como puede deducir de lo que hemos hablado, las relaciones con Escorpio a veces pueden ser intensas. Esta intensidad tiene el lado físico o sensual porque Escorpio es conocido por su pasión y sexualidad. Tienen una libido fuerte, en parte porque la sexualidad de Escorpio a menudo sirve como una salida emocional. En general, Escorpio no es un signo simple, y puede ser bastante difícil de tratar para algunos signos.

Dejando a un lado la sexualidad, los Escorpio tienen actitudes simples y tradicionales hacia las relaciones en la superficie. Quieren un compromiso real y no les gusta perder el tiempo con aventuras sin sentido. Odian las señales manipuladoras y poco claras y aún más los juegos que a algunas personas les gusta jugar con el amor. Con Escorpio, es todo o nada sin intermedio. Ellos esperan que usted sea claro y directo acerca de sus intenciones, y le harán saber cuál es su posición.

Psicológicamente intenso y, a menudo, sutilmente imponente, los Escorpio pueden volverse bastante controladores si su pareja sucumbe a su influencia. La pareja de Escorpio debe tener una mente, un carácter y un conocimiento sólidos para hacerse valer. Sin embargo, las parejas que intentan mentirle a Escorpio o manipularlo, generalmente lo pasarán mal. Escorpio es intuitivo para resolver muchos problemas, pero también será muy bueno para detectar mentiras. Escorpio probablemente esté muy por delante de usted en lo que respecta a la manipulación, por lo que no debería molestarse en intentarlo. Aparte de eso, Escorpio es un amante muy devoto, leal y monógamo.

Otras Relaciones

Mucho de lo que es cierto en el romance también se aplica a las amistades con Escorpio. Debido a que a Escorpio le gusta tener el control, sus amigos a veces pueden tener dificultades para imponerse a sí mismos y a sus deseos. Sin embargo, Escorpio puede controlar las cosas y mover los hilos tan sutilmente que es posible que ni siquiera se dé cuenta de cuándo lo está haciendo. Esto casi nunca se debe a una intención dañina, sino simplemente a la naturaleza de Escorpio. Al igual que en el romance, Escorpio será leal y muy devoto de sus amigos. Lo mismo ocurre con las relaciones de Escorpio con la familia.

Con las amistades, el principal problema de Escorpio es que pueden cerrarse y no permitir que nadie ingrese en su mundo. La confianza de Escorpio no es fácil de ganar, y pasará algún tiempo antes de que empiecen a hablar sobre sus pensamientos y sentimientos más íntimos, si es que alguna vez lo hacen. Aquellos Escorpio que se entregan un poco más a su naturaleza oscura y nerviosa pueden encontrar aún más difícil hacer amigos porque muchas personas pueden sentirse incómodas o incluso asustadas a su alrededor.

La competitividad y la astucia de Escorpio los hace naturalmente expertos en navegar entornos de negocios altamente competitivos, escalar la escalera corporativa o superar a la competencia. Cuando tienen un objetivo que se toman en serio, los Escorpio harán lo que sea necesario para lograrlo hasta el punto de la obsesión. Si no se les cría con ciertos escrúpulos e inhibidores, el competitivo y astuto Escorpio puede emplear algunos métodos turbios e inmorales. A las personas que tienen una relación de negocios con Escorpio se les recomienda tener cuidado y actuar cautelosamente, para que no les piquen.

Trabajo

La naturaleza curiosa e investigadora de Escorpio les permite desempeñarse bien en trabajos en los que se supone que deben resolver problemas complicados o incluso misterios, que contienen ciertas respuestas que deben ser descubiertas. A Escorpio le encanta el sentimiento gratificante que experimenta cuando hace un descubrimiento después de un esfuerzo de investigación intenso y prolongado. La investigación, en el sentido más amplio, es donde los Escorpio pueden sentirse como en casa.

El trabajo de investigación que existe en la investigación privada, la investigación policial de delitos o incluso los servicios de inteligencia serán apropiados para él. Estos trabajos no solo satisfacen la naturaleza curiosa de Escorpio, sino que también pueden proporcionar una ventana a la oscuridad de la humanidad, en la que muchos Escorpio están muy interesados, como dijimos anteriormente. A los Escorpio no les importa dedicar años de su vida a hacer solo un descubrimiento, por lo que también pueden ser grandes científicos.

Todo esto se combina con la sutil naturaleza guerrera de Escorpio provocada por el hecho de que el signo es el hogar nocturno de Marte. Por lo tanto, es común que los Escorpio entren en el ejército y la policía en posiciones distintas a aquellas netamente investigativas. El lado oscuro de la naturaleza de Escorpio también puede llevarlo por muchos caminos oscuros, como el trabajo funerario, el oscurantismo o incluso varias actividades ilícitas.

Llevarse Bien con un Escorpio

Es importante ser franco y directo con Escorpio. Sin embargo, esto no solo es una cuestión de ser claro y ayudar a Escorpio a comprenderlo mejor. Los Escorpio respetan a las personas que no temen defenderse a sí mismas o incluso meterse en enfrentamientos para imponer sus términos. Por supuesto, eso no quiere decir que deba ser agresivo o pelear deliberadamente con Escorpio. Debe asegurarse de que se conozcan sus deseos y de tener claro lo que espera del escorpión.

Además, la honestidad es simplemente una virtud que los Escorpio tienen en alta estima. Recuerde que son personas muy intuitivas que incluso algunos podrían considerar detectores de mentiras andantes. Si trata de mentir o manipular a un Escorpio, lo atacarán rápidamente.

Por imponentes y fuertes que parezcan los Escorpio, igualmente necesitarán su apoyo. En una relación, es fundamental que respete y fomente las mayores fortalezas de su Escorpio, como la ambición y la perseverancia. Si está trabajando duro para lograr un objetivo determinado, bríndele todo el apoyo que pueda. Simplemente no se olvide de sí mismo y de sus propios intereses, porque si eso sucede, Escorpio podría perder algo de su respeto por usted.

Capítulo Nueve: Sagitario – El Arquero

El arquero simboliza a Sagitario, su rango de fechas cae entre el 22 de noviembre y el 21 de diciembre y ocupa la novena casa. Si bien su modalidad es mutable, el elemento de Sagitario es el fuego y Júpiter rige el signo. Sagitario está asociado con la constelación de Sagitario, que era un símbolo del centauro Quirón en la mitología griega antigua. En la mitología griego, este mitad hombre y mitad caballo llamado Quirón era el mentor del joven Aquiles mucho antes de que tuviera sus legendarias hazañas. Quirón fue un maestro de muchas disciplinas, como la música, la caza y la medicina, al mismo tiempo que fue un profeta.

Este relato mitológico antiguo es un símbolo de muchos rasgos que encontramos en las personas nacidas bajo Sagitario. Sagitario es un aventurero, viajero, buscador de conocimiento, y generalmente, alguien que hará todo lo posible en busca de las verdades y la sabiduría subyacente. La bondad, generosidad y amor de Quirón por la humanidad también se reflejan en la mayoría de los Sagitario. La naturaleza dual de un centauro, mitad humano y mitad animal, es otra característica que se puede observar en la mayoría de los Sagitario. Esto se debe a que poseen un lado civilizado, inteligente y sensible, mientras que también tienen uno salvaje, animal e indómito. Este último no es negativo, ya que simboliza el espíritu libre y el sentido de la aventura que tienen los Sagitario. El Sagitario equilibrado es aquel que mantiene con éxito una combinación de instinto fuerte y limpio y una sabiduría humana más profunda.

El final del otoño y el inicio del invierno que vienen con la estación de Sagitario influyen en el signo. Como un signo que ocupa un lugar al final de una estación, Sagitario es el tercero de los cuatro signos mutables, lo que influye en su variabilidad y adaptabilidad. El elemento fuego de Sagitario se combina con su mutabilidad, aportando energía, entusiasmo y audacia para acompañar la naturaleza adaptable de los signos. Esto convierte a Sagitario en un explorador natural. La influencia de Júpiter también es importante porque le da a Sagitario la fuerza para perseverar, dándole a este signo copiosas reservas de optimismo.

Rasgos de Personalidad

Sagitario es un viajero amante de la libertad, tanto literal como figurativamente. A las personas bajo este signo les encantará deambular físicamente y explorar el mundo, pero tampoco pueden evitar recorrer las llanuras de todo tipo de abstracción humana, especialmente cuestiones de vida y significado. De hecho, Sagitario es profundamente filosófico y generalmente es alguien que está profundamente preocupado por cosas como el significado de la vida, la religión y la búsqueda personal. Los Sagitario también son muy introspectivos al mismo tiempo que son muy asertivos y orientados hacia el anterior.

Algunas de las mayores fortalezas de Sagitario incluyen su audacia y optimismo. No tienen miedo de dar pasos decisivos mientras tienen fe en un resultado positivo. Esta combinación hace que sea probable que los Sagitario tengan éxito en los muchos esfuerzos que emprenden, ya sean profesionales, personales o espirituales. Además de ser expertos en buscar la verdad, los Sagitario también son buenos para compartir esa información, ya que son buenos maestros.

A pesar de que los Sagitario pueden parecer inquietos debido a su constante sed de aventura, aún se rigen por principios sólidos y, en general, son conocidos por su integridad. A los Sagitario les resultará casi imposible vivir bajo reglas o adoptar roles que entren en conflicto con sus valores fundamentales. Sin embargo, cuando algo resuena con sus valores, los Sagitario son más que capaces de comprometerse, especialmente cuando se trata de una causa que consideran digna. Por encima de todo, los Sagitario se distinguen por su honestidad y sinceridad.

Sin embargo, esta honestidad, como la característica definitoria que es, puede ser una fuente de problemas. Cuando se desequilibran, algunos Sagitario pueden volverse demasiado honestos de una manera que puede ser bastante brutal. Además, el amor de Sagitario por la aventura y el cambio es un problema bastante obvio cuando va demasiado lejos. Los Sagitario pueden ser notoriamente reacios a comprometerse cuando usted podría querer que lo hicieran. También es probable que cambien los planes de las personas y cambien su agenda de tal forma que simplemente no funciona para la mayoría de las otras personas. El aventurismo de Sagitario también puede llevarlos demasiado lejos hacia la tierra de la fantasía, y tendrán que ser contenidos y aterrizados por personas realistas y bien intencionadas. Por lo tanto, es importante enseñar a los niños Sagitario el valor de la disciplina, la estructura y la organización.

Compatibilidad

Para obtener la mayor compatibilidad, Sagitario debe mirar hacia otros signos de fuego y signos de aire. Dos arqueros se llevarán bien porque entenderán la necesidad de independencia, exploración y honestidad del otro. Aries es una gran combinación para Sagitario por razones similares. Siendo un individuo fuerte y duro, el carnero puede manejar el enfoque brutalmente honesto de Sagitario y su necesidad de independencia. Aries es la persona que no sufrirá y no le pondrá las cosas difíciles a Sagitario cuando este último deba pasar un tiempo fuera. Sin embargo, esta es precisamente la fuente potencial de problemas con Leo, ya que este signo necesita mucha más atención. Leo y Sagitario pueden ser una gran combinación tanto en el amor y en otros ámbitos de la vida si este problema no se presenta.

Libra y Acuario pueden enriquecer la vida de Sagitario haciendo que el arquero vea más valor en las actividades intelectuales entre los signos de aire que avivan el fuego. Con su personalidad naturalmente curiosa, ambos signos pueden recorrer un largo camino con el aventurero y siempre inspirado Sagitario. Los arqueros también pueden disfrutar de una relación profunda y complementaria con Géminis. Como otros signos de aire, Géminis aporta curiosidad, pero este signo también tiene un lado juguetón e incluso travieso, que la mayoría de los Sagitario encontrarán muy estimulante.

Sin embargo, los Sagitario pueden tener problemas importantes para conectarse con los signos de agua y, a menudo, hará sufrir a estos signos. A muchos arqueros les resultará difícil apreciar plenamente la naturaleza hogareña de Cáncer y, por lo general, a los Cáncer les resultará difícil lidiar con el constante anhelo de aventuras de Sagitario. A Piscis también le resultará difícil conciliar su necesidad de privacidad con la naturaleza inquieta de Sagitario. Piscis también puede ser demasiado sensible a veces, lo que no combina bien con la falta de filtro por la que muchos Sagitario son conocidos. En cuanto a Escorpio, la propensión a los celos de este signo probablemente dará lugar a muchas peleas con el arquero. Los signos de tierra a menudo tienen el potencial de contener a Sagitario, pero incluso ellos pueden sentir que es una causa perdida después de un tiempo.

Amor

El amor por la independencia y la novedad es lo que hace que los Sagitario sean bastante difíciles de tratar para algunos signos. En general, cuanto más prefiera un signo la previsibilidad, la estabilidad y la rutina, más difícil le resultará funcionar en una relación con Sagitario. Otra cosa que puede ser un problema, especialmente para las personas sensibles, es la (infame) famosa honestidad. Aun así, en general es probable que su honestidad sea una ventaja más que un problema, especialmente con algunos signos que anhelan esta honestidad y comportamiento directo.

Siendo un signo de fuego al que le gusta divertirse y llevar una vida estimulante, Sagitario es muy apasionado. Emocionalmente, sexualmente, y de otras maneras, Sagitario es el amante que llevará a su pareja a aventuras y a todo tipo de nuevos territorios. Sagitario vive para mantener su libertad y mantenerse inspirado, por lo que una pareja que pueda mantener el ritmo con estas necesidades básicas de Sagitario puede encontrar una pareja de confianza y amorosa en Sagitario.

Otros rasgos de Sagitario, en particular su inteligencia emocional, pueden traducirse en un gran éxito en el ámbito romántico. Sagitario comprenderá los entresijos de su pareja mejor de lo que la pareja se entiende a sí misma. Sagitario ayudará a sus seres queridos en su camino hacia la superación personal y el autodescubrimiento, y podrían ser la influencia decisiva que coloque a alguien en un rumbo nuevo y digno en la vida. Sagitario también es muy digno de confianza y, en general, la persona en quien puede confiar.

Aunque una relación con el Sagitario de mente independiente puede parecer aterradora al inicio, puede ser una de las relaciones más gratificantes que tendrá. La honestidad de Sagitario también reduce el riesgo de intentar estar con ellos. Es decir, hay pocas posibilidades de que se vea involucrado en un error a largo plazo que eventualmente arruinará su vida. Sagitario será honesto y abierto sobre su incompatibilidad desde el principio, por lo que la relación terminará mucho antes de que las cosas se pongan demasiado serias, si es que nunca estuvieron destinadas a serlo.

Otras Relaciones

En las amistades cercanas, Sagitario será alguien en quien puede confiar y con quien contar, pero llegar a ese punto es lo que suele ser difícil. Sin embargo, no es una cuestión de desgana o introversión de Sagitario como con Escorpio. Con Sagitario, el problema es que están en constante movimiento y en busca de nuevas emociones. Es común que los Sagitario mantengan sus amistades de forma intermitente, por así decirlo. No importa qué tan cercano sea de Sagitario, es posible que se aleje en algún momento, pero no tendrá problemas para volver a aparecer y volver a su vida más adelante. Con signos que son independientes e inquietos como Sagitario, este no es un problema, pero las personas más apegadas y sensibles probablemente tendrán un problema con la forma de ser de Sagitario. Sin embargo, una cosa es segura: si lo llama cuando lo necesita, Sagitario vendrá. El arquero es muy similar en la vida familiar.

En el lugar de trabajo, los Sagitario se llevan mejor con personas que buscan trabajar con personas flexibles, creativas e innovadoras. Los problemas comienzan cuando se espera que Sagitario mantenga un horario y una rutina rígida. Tan pronto como se sientan atrapados, se resistirán. Peor aún, la perspectiva de la obediencia ciega a la autoridad es horrible para la mayoría de los Sagitario, por lo que pueden ser un gran problema para los supervisores que no comprenden la naturaleza del arquero. Si se les da suficiente libertad y espacio mientras se les recuerda su trabajo, los Sagitario pueden ser excelentes subordinados, pero necesitarán su respeto. La necesidad de independencia de Sagitario no debería ser un problema. Es a través de esa independencia que sus cualidades como la innovación y el pensamiento poco convencional pueden brillar y producir grandes resultados. Aprovechar la naturaleza de Sagitario en el lugar de trabajo probablemente resultará rentable para todos al final.

Trabajo

Las cosas que acabamos de discutir determinarán qué trabajos son adecuados para Sagitario. Una cosa destinada a motivar y estimular a Sagitario es el sentido de pertenencia a algo más grande y, sobre todo, servir a un propósito superior. Un trabajo estimulante y dinámico que aporte novedad y aproveche la naturaleza adaptable del arquero, a la vez que proporciona una sensación de propósito superior en el panorama general, probablemente será el trabajo soñado de Sagitario. Debido a su elemento y naturaleza ardientes, los arqueros también disfrutan de los desafíos, por lo que es poco probable que prefieran algún trabajo basado en lo fácil que es. A menudo, la dificultad no es realmente un factor para Sagitario.

Basado en todo esto, puede ver cómo Sagitario podría encontrar una vocación satisfactoria en alguna forma de activismo. El activismo les da a los arqueros un propósito y los desafía, pero también se basa en el optimismo innato que Sagitario Extrae de Júpiter. Los Sagitario también tienden a disfrutar de la enseñanza, aunque los temas que les interesarán pueden variar de una persona a otra. Debido a la tendencia de Sagitario a ser empático y sus inclinaciones activistas, a menudo se los puede encontrar como voluntarios en diferentes ámbitos. De hecho, los arqueros podrían dedicar toda su vida al trabajo desinteresado por las personas desfavorecidas y que sufren, sin pedir mucho a cambio.

Llevarse Bien con un Sagitario

Como puede ver, si ama la aventura, el cambio y no le importa dar a las personas la independencia y el espacio que necesitan, tendrá una base sólida para llevarse bien con Sagitario. Desafortunadamente, a muchas personas les resultará difícil lidiar con la inquietud y la sed de cambio del arquero. Cuando un Sagitario se aburre con la situación de su vida, su pareja o amigo podría tomarlo como algo personal si no comprende la naturaleza de Sagitario. Esto puede generar inseguridad y una gran cantidad de problemas que se derivan de eso. Es desafortunado porque la inquietud de Sagitario no es algo que debiera tomarse como algo personal, es simplemente su forma de ser.

Uno de los requisitos previos más importantes para llevarse bien con Sagitario es aceptar su sed de cambio y simplemente aceptarla. Haga lo posible por mantener el ritmo, no solo porque mantendrá su relación, sino también porque usted mismo podría divertirse mucho y aprender cosas que nunca supo sobre sí mismo. Sin embargo, si finalmente se cansa del constante aventurismo de su arquero, entonces debe decírselo. Esta es la segunda cosa más importante: sea abierto y sincero. Recuerde que los Sagitario también son empáticos y tienen mucha comprensión por las personas. Si se preocupan por usted, comprenderán que necesitan ralentizar las cosas, lo que harán por la persona adecuada.

Finalmente, prepárese para mucha honestidad a un nivel al que quizás no esté acostumbrado. Los Sagitario pueden decirle abiertamente cosas que otros nunca se atreverían, y probablemente ni siquiera se detendrán a pensar si son apropiadas o no. Llevarse bien con Sagitario requerirá un poco de piel gruesa. Además, tener una piel más gruesa le ayudará en la vida, independientemente de su relación con el arquero. Es solo una de esas cosas que su amigo o pareja Sagitario le dará como regalo, que seguirá teniendo incluso si eventualmente desaparecen de su vida.

Capítulo Diez: Capricornio – La Cabra Marina

Los Capricornio nacen entre el 21 de diciembre y el 20 de enero, lo que los convierte en el último de los cuatro signos cardinales cuyo elemento es la tierra. Capricornio proviene de la constelación conocida como Capricornio, también conocida como la cabra cornuda. Capricornio está simbolizado por la cabra marina, que es una criatura acuática mitológica que es mitad cabra, mitad pez. Capricornio también ocupa su correspondiente décima casa y está regido por Saturno.

La legendaria mitología de la cabra marina se remonta al menos a la Edad del Bronce, y diferentes culturas han tenido diferentes relatos. En la antigua Babilonia, la cabra marina era tratada como un dios acuático asociado con el conocimiento y la creación. Sin embargo, de acuerdo a los griegos, existía Pricus, una especie de padre de muchas cabras marinas que intentaba proteger, y la historia cuenta que Pricus no pudo proteger a sus hijos y se le dio un lugar para vivir en el cielo después de esta gran pérdida. Los griegos creían que ese lugar era la constelación de Capricornio.

Dejando de lado la mitología, una influencia importante en Capricornio es el solsticio de invierno que comienza en el hemisferio norte con el inicio de la temporada de este signo. Durante este período, el sol proporciona la menor cantidad de luz y calor. Los Capricornio son ingeniosos, y siempre tienen un plan, tal como el invierno siempre ha dictado a todos los que desean superarlo. Siendo el último de los signos cardinales y presagiando el comienzo del invierno, Capricornio está imbuido de las mismas cualidades iniciáticas que los otros signos de inicio de estación. La naturaleza del elemento tierra de Capricornio también es bastante clara en muchos de los rasgos de este signo estable y sensato.

Cuando Saturno está en Capricornio, el planeta está en su domicilio nocturno, siendo Acuario el diurno. Saturno en Capricornio regala a los nacidos bajo este signo ambición, disciplina, practicidad, productividad y organización. Capricornio también es un signo en el que Marte está exaltado, lo que pone a toda marcha muchas de las fortalezas del signo y convierte a los Capricornio en individuos extraordinarios.

Rasgos de Personalidad

Los Capricornio generalmente se distinguen como muy trabajadores y personas orientadas a objetivos, motivadas y trabajadoras. Capricornio está en su mejor momento cuando establece una meta ambiciosa, traza un camino y se pone a trabajar para lograr esa meta. Son muy hábiles para crear proyectos y llevarlos a cabo, por lo que tienen una mente adecuada para los negocios. Incluso cuando no se trata de negocios, Capricornio aplicará una mentalidad de negocios a muchas situaciones en la vida y, a menudo, funcionará tal como lo había planeado.

Además de su practicidad, los Capricornio poseen paciencia y un alto grado de realismo en su pensamiento. Cuando las cosas se pongan difíciles y la mayoría de las personas estén listas para tirar la toalla, los Capricornio mantendrán el rumbo y seguirán trabajando hasta que se logre la meta, y luego disfrutarán de su glorioso éxito. Los Capricornio también son buenos para dar consejos a los demás, gracias a su propia estabilidad, sensatez y autodominio. Las cabras marinas no solo están comprometidas solo con sus actividades terrenales y proyectos empresariales, sino también con las personas que les importan. No siempre confían tan rápido como a muchos les gustaría, pero una vez que hayan establecido una conexión, los Capricornio serán la imagen de la lealtad. Los Capricornio también son conocidos por tener un fuerte sentido del humor que no solo sirve para hacer reír a la gente, sino también para hacer que la cabra marina y quienes la rodean pasen momentos difíciles. Es ese sentido del humor lo que a menudo es el as bajo la manga de Capricornio y el secreto de su impresionante perseverancia y resiliencia.

Como probablemente pueda imaginar, un problema común que surge con los Capricornio es cuando su enfoque en el objetivo trasciende el ámbito de lo racional. De hecho, Capricornio puede concentrarse tan intensamente en su objetivo que se vuelve ciego para todo lo demás. Este nivel de terquedad puede ser bastante destructivo para Capricornio e incluso para las personas que lo rodean, particularmente en lo que respecta a sus relaciones. Debido a su increíble ética de trabajo y diligencia, algunos Capricornio pueden valorar mucho a otras personas. No hay nada malo en esperar que otras personas hagan lo mejor, pero cuando Capricornio lleva esto al extremo, puede ser difícil trabajar con él.

Uno de los caminos más oscuros por los que pueden atravesar los Capricornio es el camino del aislamiento y la soledad. Cuando se sienten inseguros o se decepcionan, pueden volcarse completamente hacia su naturaleza autosuficiente y desconectarse completamente del mundo. Muchos Capricornio también esconden sus sentimientos verdaderos, especialmente el dolor, detrás de un velo de humor y actitud autosuficiente. Cuando los amigos de este Capricornio no lo comprenden, su experiencia de vida puede volverse muy solitaria y aislada, incluso estando entre personas.

Compatibilidad

Los signos que pueden esperar las mejores relaciones con los Capricornio son los de tierra y agua. Al ser una persona realista, con los pies en la tierra y con autoridad, Capricornio probablemente se encontrará con bastantes problemas con los signos de aire y fuego. Estos fastidiosos aventureros y soñadores a menudo tendrán que ser disuadidos y restringidos por Capricornio.

Con toda su objetividad y autoridad, los Capricornio a veces pueden olvidar su lado emocional, por lo que los signos de agua pueden ser muy buenos para ellos. Por ejemplo, Cáncer y Capricornio pueden funcionar muy bien como pareja a pesar de ser opuestos. Mientras que los Capricornio pueden convertirse en adictos al trabajo, los Cáncer se centrarán en mantener el hogar. Cuando ambos llegan a un acuerdo mutuamente aceptable y se reparten sus responsabilidades de esta manera, pueden tener una relación muy productiva, especialmente en el matrimonio. Si Capricornio puede pasar por alto los deslucidos esfuerzos organizativos de Piscis, podría beneficiarse enormemente de las ideas de Piscis, que pueden ampliar los horizontes de este signo. Capricornio también se lleva bien con Escorpio, y es uno de los pocos signos que tiene esa habilidad.

Como puede imaginar, los Capricornio se sienten como en casa con otros signos de tierra debido a su estabilidad, orden y naturaleza práctica. Cuando dos Capricornio se juntan, ninguna meta es demasiado alta o demasiado ambiciosa. Debido a su fuerte enfoque en el trabajo, dos Capricornio podrían olvidarse por completo del romance, por lo que quizás la mejor relación para ellos podría ser una estrecha colaboración profesional. Virgo y Tauro también son altamente compatibles con Capricornio, pero estos dos tienen más que ofrecer en cuanto a diversión, ocio, disfrute y todas esas cosas agradables de la vida, por lo que ambos pueden complementar bien al trabajador Capricornio.

Entre los signos de fuego, Aries es problemático para Capricornio porque el carnero es un individuo testarudo con una inclinación por el liderazgo, lo que puede llevar fácilmente a un conflicto con el autoritario Capricornio si ambos son intransigentes. Sagitario es una combinación aún peor debido a varias diferencias fundamentales en los valores y la forma en que ambos perciben el mundo. La situación es básicamente la misma con Leo. Estos signos podrían funcionar con Capricornio en algunos contextos, especialmente en los negocios, pero sus perspectivas de cercanía a largo plazo son escasas. Los signos de aire pueden ser incluso mejores para Capricornio cuando se trata de negocios, pero los compromisos a largo plazo a menudo se volverán amargos.

Amor

La cabra marina, al ser un individuo autoritario y trabajador, requerirá mucho de lo mismo de alguien a quien consideran una pareja digna. Capricornio preferirá estar con alguien a quien pueda respetar, dependiendo de cuántas cualidades que respete se puedan encontrar en esa persona. Por lo tanto, Capricornio será probablemente el más feliz en una relación de verdaderos iguales. A pesar de que a menudo tienen autoridad e interacciones en la vida, la mayoría de los Capricornio no buscan a alguien que simplemente se someta a sus caprichos por amor. Por otro lado, tampoco buscan a alguien que los domine, pero es probable que al menos respeten más a esa persona.

Un Capricornio enamorado quizás podría describirse mejor como lo sería en otros ámbitos de la vida: alguien que trabaja duro. Esto significa que pueden ser devotos, leales y comprometidos, pero es posible que no lo demuestren emocionalmente. Ha aprendido que muchos Capricornio no muestran muchas emociones, y lo mismo aplica a las relaciones románticas. Si no está particularmente necesitado o demasiado dependiente del romance, esto no será un problema para usted. Si está buscando una pareja leal, fuerte y protectora, entonces la cabra marina valdrá la pena el esfuerzo.

Además, incluso los menos expresivos entre ellos probablemente se abrirán emocionalmente en algún punto, incluso si toma años. Esto se debe a que los Capricornio ven las relaciones como ven su trabajo o cualquier otro esfuerzo en su vida. Emplean un enfoque práctico y se ponen a trabajar, esperando que esto produzca resultados. Es un concepto simple, sin embargo, algunos de los signos más sensibles y sentimentales tendrán dificultades para aceptarlo.

Otras Relaciones

Con las amistades, los Capricornio buscan la calidad sobre la cantidad. Por lo general solo tendrán unos pocos amigos, pero serán amistades verdaderas y duraderas que pueden remontarse a la infancia. Estas son relaciones en las que los Capricornio trabajarán duro para mantener, y serán muy leales a estas personas. La cabra marina rara vez será demasiado cálida o cariñosa con sus amigos, por muy cercanos que sean y por mucho que confíen en ellos. Una de las bases más sólidas para las amistades en lo que respecta a Capricornio es la conexión intelectual. Los Capricornio se dedican incansablemente a su familia. Lo único por lo que pueden ponerse algo sentimentales son los recuerdos familiares, tradiciones y la historia en general. La cabra marina suele estar bien informada sobre su historia familiar y sienten una conexión con esa continuidad de larga data. De alguna manera sorprendente, los Capricornio atribuyen más importancia a cosas como cumpleaños, aniversarios, reuniones familiares, costumbres y otras tradiciones. Lo único que los Capricornio no pueden soportar es el entrometimiento y los intentos de control, ya sea que provengan de familiares o amigos.

La cabra marina lleva muchos de estos principios a su vida profesional. Son respetuosos, profesionales y educados, pero también tienen un enfoque sensato la mayor parte del tiempo. Si quiere que su compañero de trabajo Capricornio tenga una conversación distendida con usted, entonces es mejor que se asegure de que el tema que tiene para ofrecer sea interesante e intelectualmente estimulante. De lo contrario, su colega Capricornio preferirá simplemente volver al trabajo. Los Capricornio son compañeros de trabajo leales y confiables que tienden a ejercer autoridad incluso cuando en el papel no están en una posición de autoridad. Son la persona que siempre parece tener las cosas claras mejor que otros trabajadores, y es a quien todos piden consejo y ayuda.

Trabajo

Los Capricornio se sienten más cómodos cuando supervisan su trabajo, lo que significa organizar su tiempo, entorno, detalles del proyecto y otras cosas que se incluyen en un proyecto. Esto significa que no tienen problemas para hacer el trabajo cuando sus superiores se lo piden, pero es mejor dejar que Capricornio conserve un cierto grado de independencia porque, por lo general, encontrará el mejor enfoque para hacer bien el trabajo.

Los Capricornio pueden encajar y funcionar en la mayoría de los lugares de trabajo y en una amplia gama de labores. Son diligentes, detallistas, bien organizados, meticulosos y perseverantes. Estas cosas los convierten en grandes trabajadores, pero también le dan a Capricornio una ventaja en los negocios cuando se dedican a sí mismos. Capricornio será muy feliz cuando sea su propio jefe y tenga éxito como tal.

Aunque prefieren trabajar solos y concentrarse en proyectos a largo plazo, los Capricornio también pueden tratar a las personas como proyectos. Esto los convierte en personas adecuadas para encargarse de la gestión de recursos humanos. Con su arduo trabajo, los Capricornio pueden trabajar pacientemente con las personas para llevarlas por el camino correcto y, con su ojo para los detalles, generalmente olfatearán el potencial oculto de los empleados. A los Capricornio les irá bien en todo tipo de posiciones gerenciales. Como puede ver, no se trata solo de pura autoridad, de la cual los Capricornio tienen mucha. Los Capricornio simplemente tienen una variedad de cualidades y fortalezas que naturalmente proyectan autoridad e inspiran confianza en otros sin hacer un esfuerzo consciente para ello. Esto hace que los Capricornio sobresalgan en la mayoría de los trabajos que puedan realizar.

Llevarse Bien con un Capricornio

Para llevarse bien con los Capricornio, primero debe aprender a no confundir su amabilidad y cortesía con cercanía. Si pasa suficiente tiempo con un Capricornio a quien acaba de conocer, rápidamente se dará cuenta de que, a pesar de su comportamiento amistoso y respetuoso, hay una distancia innegable que siempre se mantiene.

Una posible forma de encontrar a un Capricornio con la guardia baja y acercarse a él es inspirándolo a divertirse. El trabajador y sumamente práctico Capricornio a menudo puede olvidarse de divertirse y relajarse de vez en cuando. Si lo convence de que se tome un poco de tiempo para relajarse y le muestra algunas actividades divertidas que terminan disfrutando, esto puede ser una base sólida para un vínculo más significativo. Es una forma de sorprender a Capricornio y dejar una impresión positiva. Para Capricornio, no todos los días alguien se abalanza sobre ellos y les muestra lo que no sabían que tenían, ya que la cabra marina generalmente tiene un dominio muy fuerte sobre sí misma.

Los Capricornio también disfrutan aceptando un desafío y aprendiendo cosas nuevas. Una buena manera de acercarse a una cabra marina es llevarlos a una actividad significativa que los desafíe y los estimule con nuevos conocimientos o habilidades. Emprender un nuevo pasatiempo, deporte o actividad al aire libre puede ser justo lo que hará que Capricornio quiera pasar más tiempo con usted. Aparte de eso, solo recuerde aquellas cosas que los Capricornio respetan, incluido el trabajo duro y la estabilidad. Simplemente tener un nivel de comprensión suficiente de la naturaleza de Capricornio será suficiente para, al menos, mantenerse en buenos términos con él, en el lugar de trabajo o en cualquier otra parte.

Capítulo Once: Acuario – El Aguador

El undécimo signo, que ocupa la casa correspondiente, es Acuario. La temporada de este signo es entre el 21 de enero y el 18 de febrero. Acuario también es conocido y simbolizado por el aguador, y es un signo fijo de aire. Saturno rige a Acuario, pero, al igual que Escorpio, Acuario también tiene un regente moderno, que es Urano. Este signo proviene de la constelación de Acuario, que está simbolizada por el portador de agua o el mitológico Ganímedes, según los antiguos griegos. Ganímedes era el hijo del rey troyano, Tros, quien finalmente sirvió como copero de los dioses griegos en el Monte Olimpo.

En la Antigua Babilonia, Acuario estaba asociado con Ea, un dios conocido por llevar un jarrón lleno de agua. Los antiguos egipcios también tenían sus propias ideas sobre Acuario, y lo asociaban fuertemente con las inundaciones que sustentaban la vida con las que el Nilo irrigaba sus cultivos. Los egipcios creían que la inundación se produjo cuando Acuario ponía su cántaro en el Nilo.

Como signo fijo, Acuario está bajo influencias que le dan estabilidad y fuerza para aguantar. Esto se ve exacerbado por el posicionamiento del signo en el invierno, que es también la razón por la cual muchos Acuario se vuelven más creativos y productivos durante la época más fría del año. Como mencionados anteriormente, Acuario es el domicilio diurno de Saturno. Esto permite que todas las cualidades de Saturno salgan a la luz y estén en su mejor estado. Con Saturno en Aries, las personas están dotadas intelectualmente y están bien preparadas para una amplia gama de tareas intelectuales, al mismo tiempo que están dotados de resistencia, objetividad, paciencia y otras cualidades. Pero Urano infunde a Acuario con inventiva, adaptabilidad y una inclinación por el pensamiento y la acción poco convencionales.

Acuario puede dar algunas desventajas a los nacidos bajo el signo si el sol entra en él. El sol está en detrimento de este signo porque su hogar, Leo, es el opuesto. El resplandor y la naturaleza imponente del sol son todo lo contrario de la mayoría de los Acuario. Mientras que los Leo aman la atención, los Acuario prefieren mantenerse sutiles, y cuando el sol está en el signo, los Acuario pueden evitar la atención hasta el punto de dejar pasar las oportunidades.

Rasgos de Personalidad

Los Acuario son a menudo personas humanitarias y filantrópicas porque les gusta estar atentos al panorama general y, como resultado, tienden a preocuparse por mejorar el mundo. Los Acuario suelen tener una gran capacidad de pensar en el futuro y, a menudo, son partidarios de ideas progresistas tanto en la vida personal como en la sociedad. Acuario no rehuirá establecer contactos con personas que lo ayudarán en su misión, por lo que a menudo son bastante hábiles en la colaboración y los esfuerzos en equipo.

Aunque no parezca así, Acuario es un signo orientado hacia el exterior que se involucra activamente con el mundo. Está más que dispuesto a comprometerse, y son las personas que llevan adelante sus proyectos. Los Acuario también tienen muchos principios, y se adhieren a su conjunto de valores, especialmente en las interacciones sociales.

La mayor fortaleza de Acuario es probablemente su inteligencia, la que combina con una gran objetividad. Los Acuario son muy buenos para observar las cosas desde un punto de vista neutral y emitir juicios racionales y objetivos sobre las situaciones y el carácter de las personas. Aunque los Acuario suelen ser funcionales, muchos sentirán que no pertenecen a gran parte de la sociedad en general. Esto es algo que sienten por dentro, generalmente porque están llenos de ideas novedosas, pero rara vez obstaculiza su capacidad para funcionar en la sociedad.

Es la inteligencia de Acuario la que eventualmente puede causarles problemas, particularmente si se vuelven demasiado intelectuales en detrimento total de todas las demás formas de percibir el mundo. Los Acuario demasiado intelectuales pueden parecer fríos y distantes, y podrían olvidarse de brindarles a sus seres queridos la atención y el apoyo emocional que necesitan. Cuando los Acuario como estos se encuentran con situaciones que requieren intuición o inteligencia emocional, el aguador puede quedarse atascado e incapaz de encontrar la solución. Los Acuario pueden volverse demasiado fijos debido a su enfoque y modalidad rígidamente lógicos, especialmente cuando exigen ciertos estándares de otras personas.

Compatibilidad

Acuario puede llevarse bien con otros signos de fuego y otros signos de aire, mientras que los otros dos grupos pueden ser o no adecuados, según el contexto. Dado que Acuario puede parecer un Sagitario distante, Aries será una buena combinación porque también es individualista y no requerirá una gran cantidad de atención. El aventurero Sagitario apreciará el comportamiento y el enfoque poco convencionales de Acuario, ya que esta es una afinidad que poseen ambos signos. Acuario y Leo pueden hacer una gran pareja en una relación bastante complementaria, particularmente con los Leo, que se salen de control y podrían beneficiarse de la voz de la razón que traerá Acuario.

En cuanto a los signos de aire, la atracción intelectual y el gran intercambio que se puede producir entre Acuario y Géminis puede resultar en solo eso, una conexión intelectual. Por lo tanto, estos dos pueden ser excelentes compañeros de trabajo o amigos, pero el romance a menudo puede no ser la mayor prioridad. Intelectualmente, los Acuario también tienen mucho que compartir con Libra, pero la relación eventualmente podría volverse fría si Acuario se vuelve distante y olvida darle a Libra la atención romántica que necesita. Aun así, Acuario podría sentirse más comprendido y cómodo cuando se encuentra con otro Acuario, especialmente en lo que respecta al intercambio de ideas, la comunicación y el entendimiento mutuo.

Cuando los Acuario se sumergen demasiado o incluso se pierden en su mundo intelectual o abstracto de ideas, a menudo pueden descuidar el lado emocional de las cosas. Los signos de agua pueden tener una gran influencia positiva cuando eso sucede. Desafortunadamente, esto es precisamente lo que puede provocar problemas con estos signos. No es simplemente que a Acuario no le importe mucho el romance o la expresión emocional. A veces, literalmente, no puede manejar las demostraciones emocionales intensas y los requerimientos de los demás. La sensibilidad de Piscis, el apego de Cáncer y los celos de Escorpio pueden ser todo lo que eventualmente aleje a Acuario. Los signos de tierra son aún menos identificables para Acuario.

Amor

Con las relaciones románticas, lo que puede despertar el interés de Acuario en algo más que cualquier otra cosa en el mundo es la estimulación intelectual. Muchas cosas que les importan poco a los otros signos serán poco interesantes para Acuario, pero si alguien tiene algo inteligente o interesante que decir para poner en marcha la mente de un Acuario, entonces tendrá la atención de Acuario. Bajo este signo, la gente tendrá conversaciones largas e inteligentes sobre una amplia gama de temas importantes y profundos.

Sin embargo, después de que Acuario haya sido cortejado con astucia, necesitarán más que una conexión intelectual para mantener una relación. Los Acuario valoran la honestidad y la independencia. Disfrutan quedar atrapados en sus contemplaciones internas de vez en cuando, por lo que a veces decidirán estar solos por un tiempo. En pocas palabras, Acuario quiere un cierto grado de espacio, que también le otorgarán a su pareja.

Los Acuario generalmente prefieren estar en una relación con alguien que en gran medida esté en igualdad de condiciones con ellos, al igual que Capricornio. Pero también se sabe que los Acuario toman decisiones muy poco convencionales al elegir a una pareja. En cualquier caso, una vez que eligen una pareja y la relación se pone en marcha, el compromiso es a largo plazo. Una cosa para recordar sobre Acuario es que tiene una naturaleza muy implacable. Es mejor discutir cualquier queja y otros problemas con anticipación que hacer enojar a un Acuario o estropear las cosas de alguna manera. Una vez que se sienten traicionados o seriamente agraviados, es probable que todo se acabe.

Otras Relaciones

Es común que los Acuario tengan un amplio círculo de amigos y conocidos, pero solo considerarán a unos pocos como sus verdaderos amigos. Con esas personas, Acuario es muy devoto y leal. Prefiere estar cerca de personas inteligentes, creativas y honestas, ya que estas tres cosas son sin duda la base más sólida para una amistad a largo plazo para Acuario.

Los Acuario tienen muchos amigos porque son agradables y es fácil llevarse bien con ellos a un nivel superficial. Un amplio círculo de amigos es más algo natural y espontáneo que algo por lo que Acuario se esfuerce. La mayoría de los Acuario no necesitan a muchas personas en sus vidas, simplemente sucede a menudo de esa manera. Realmente no se abrirán a la mayoría de estas personas ni las dejarán entrar en su vida de una manera significativa porque a los Acuario les gusta evitar ser emocionalmente vulnerables siempre que sea posible.

Sin embargo, con su círculo íntimo de amigos y familiares, los Acuario están abiertos y sacrificarán mucho por el bienestar de ellos. También tendrán un gran interés en compartir y discutir sus sentimientos. Aunque les gusta pasar un rato a solas y les toma un tiempo abrirse, los Acuario no son para nada como, por ejemplo, los Capricornio. Esto facilita que los Acuario se adapten bien a su lugar de trabajo y se lleven bien con sus compañeros de trabajo. Debido a su ingenio e inteligencia, son buenos trabajadores desde la perspectiva de un supervisor.

Trabajo

Si un trabajo le permite a Acuario usar sus talentos individuales y emplear su destreza intelectual, entonces probablemente lo disfrutará. Los Acuario serán más productivos cuando estén en un lugar que fomente y motive su creación, imaginación y habilidad para pensar fuera de la caja. De hecho, Acuario a menudo piensa de manera poco convencional, lo que puede llevar a bastantes ideas interesantes que pueden producir grandes resultados si caen en los oídos de personas receptivas o si el Acuario tiene los recursos y el tiempo para implementar la idea por su cuenta.

Dado que a los Acuario les gusta ser estimulados intelectualmente, se sienten como en casa en posiciones en las que pueden aprender muchas cosas. Los Acuario a menudo son científicos e investigadores de todo tipo. Estos trabajos también pueden satisfacer otra pasión que Acuario tiene, que es su humanitarismo y un fuerte impulso para hacer un cambio positivo en el mundo.

Esto puede traducirse en trabajo social y otros empleos similares. A todos los Acuario les gusta la estimulación intelectual, pero sus intereses variarán, y ese estímulo puede provenir de diferentes fuentes. Mientras que un Acuario podría encontrar esta emoción en la ciencia, otro podría estar interesado en las personas y sus problemas, lo que lo llevará a convertirse en terapeuta, consejero o algo similar. Los Acuario también pueden ser excelentes jugadores de equipo, pero deben estar seguros de que su contribución será reconocida cuando el trabajo esté terminado en lugar de diluirse con el resto del equipo.

Llevarse Bien con un Acuario

Como ya mencionamos, a los Acuario les encanta ser estimulados intelectualmente, por lo que este es siempre un excelente camino de acercamiento hacia ellos para establecer una conexión. La parte desafiante puede ser acercarse a ellos o iniciar una conversación, pero una vez que llegue a un tema determinado que pueda generar una conversación larga y estimulante, las cosas funcionarán por sí solas.

Mantener una conversación significativa lo acercará al corazón de Acuario. Si gana un debate, presenta un argumento sólido, o hace que su Acuario piense de una manera nueva o vea una perspectiva nueva, entonces todas las puertas se abrirán. Como alguien a quien le encanta pensar y contemplar, Acuario estará emocionado de aprender algo nuevo o ver uno de sus viejos argumentos bajo una nueva luz. Inmediatamente desarrollará un gran gusto por la persona que hizo que eso sucediera.

Recuerde que Acuario valora su independencia y espacio, así que prepárese para concederles eso. Esta parte también es importante para usted, ya que algunas personas a menudo interpretarán la distancia ocasional de Acuario como frialdad o enojo. No es algo que deba tomarse como algo personal y simplemente debe aprender a vivir con ello. Otra cosa con la que probablemente tendrá que vivir son todo tipo de peculiaridades que los Acuario individuales pueden tener. A menudo, estas peculiaridades son solo algo que los hace especiales y agradables.

Capítulo Doce: Piscis – El Pez

El duodécimo y último signo del zodíaco es Piscis, nacido entre el 19 de febrero y el 20 de marzo, y residiendo en la duodécima casa. Este es un signo mutable de agua que está regido por Júpiter mientras que también tiene un regente moderno en Neptuno. La constelación de Piscis ha sido observada durante un largo tiempo y conectada a muchos dioses y entidades divinas por varias culturas a lo largo de la historia. El nombre del signo proviene de la palabra latina para pez. Algunas asociaciones de Piscis incluyen Poseidón o Neptuno, Vishnu, algunos dioses sumerios e incluso Jesucristo. Los antiguos griegos veían a Piscis como la encarnación celestial del legendario pez al que se le atribuye haber salvado a Afrodita y a su hijo de Tifón, un monstruo marino. El lugar distinguido del pez en los cielos fue una recompensa divina por esta acción.

Dado que el zodíaco tropical occidental coloca a Piscis en la última parte del invierno del hemisferio norte, Piscis observa un retorno gradual del calor y el crecimiento de la luz del día a medida que se acerca la primavera. Es un momento que presagia una temporada entrante de renovación, crecimiento y despertar, que se refleja en Piscis de muchas maneras. Piscis también obtiene una influencia importante de su posición como el último de los cuatro signos mutables, lo que hace que Piscis sea muy capaz de cambiar y adaptarse. Esta adaptabilidad y capacidad de cambio se ve reflejada por el elemento de agua del signo.

Mientras que Júpiter encuentra su domicilio diurno en Sagitario, Piscis es donde el poderoso planeta descansa por la noche. Las influencias que Júpiter tiene en Piscis adquieren un papel más sutil e interno con Piscis, incluida la creatividad, imaginación y espiritual. Tanto Piscis como Sagitario pueden obtener beneficios muy similares de Júpiter, pero se manifestarán de manera diferente entre el contemplativo y reflexivo Piscis y el extrovertido y audaz Sagitario. Venus se exalta en Piscis porque se combina bien con la naturaleza sensible y espiritual del signo. Por lo tanto, los nacidos bajo Venus en Piscis pueden tener lo mejor de estas dos energías planetarias sumamente agradables.

Rasgos de Personalidad

Las personas nacidas bajo el signo de Piscis son personas introspectivas a las que les gusta ser sutiles y al mismo tiempo desinteresadas. Este signo orientado hacia el interior es profundamente contemplativo y dedicado a asuntos de filosofía, espiritual y examen de conciencia. Siendo el último de los doce, a menudo Piscis también posee varios rasgos que se pueden encontrar en los once signos anteriores. Piscis es una raza rara porque logra ser desinteresado y sacrificado, ya que está muy concentrado en sus preguntas y su viaje interiores.

La gente de Piscis también es muy emocional, lo que no necesariamente se traduce en algo expresivo. En pocas palabras, los Piscis están en sintonía con sus propios sentimientos y con los de los demás, pero es algo que contemplan sutilmente en su interior, como la mayoría de las otras cosas. Piscis es a menudo la persona que siente el dolor de los demás, pero también le encanta compartir su felicidad y alegría. Piscis también es un signo que depende en gran medida de la intuición, que suele estar muy desarrollada para los nacidos bajo este signo.

Y así, las mayores fortalezas que tiene Piscis incluyen su contemplación, empatía y madurez espiritual. Además, Piscis se destaca por compartir estas fortalezas con el mundo y brindar orientación a los demás. Junto con la creatividad, esta naturaleza es lo que los convierte en buenos artistas, especialmente poetas, pintores y músicos. Los Piscis son consejeros y orientadores naturales, y una de sus mayores satisfacciones es curar a otra persona, especialmente en el ámbito espiritual y emocional.

Como puede imaginar, la ternura, la compasión y la naturaleza emocional de Piscis también pueden ser debilidades si no se controlan. Piscis a veces puede ser demasiado sensible y tomarse las cosas en serio incluso cuando no deberían. En el caso del Piscis artístico, su preocupación con sus ideas y sueños abstractos puede hacerles perder de vista la realidad, lo que lleva a problemas financieros y de otros tipos. Sin embargo, un Piscis que persigue el estilo de vida de un artista a menudo no se preocupará por su bienestar material. Un camino de realización espiritual y emocional pasando totalmente por alto las ganancias materiales es algo que algunos Piscis elegirán conscientemente. Es una cuestión de prioridad personal y no necesariamente una debilidad. Surgirán problemas si otras personas deben depender de ellos. Uno de los mayores escollos que deben tener en cuenta los Piscis es el escapismo.

Compatibilidad

Los signos de agua y tierra son los que más le agradan a Piscis. La compatibilidad de Piscis con otros signos de agua se refleja en el nivel de comprensión emocional y una comunicación más profunda que es posible en estas relaciones. Al igual que con la mayoría de los otros signos, Piscis puede funcionar muy bien con otras personas nacidas bajo el mismo signo, pero es esta misma similitud la que eventualmente podría generar problemas. Piscis se relacionará increíblemente bien con la mayoría de los Cáncer porque comparten muchos intereses, sentimientos y estilo de vida en general. La relación entre estos dos estará llena de cuidado, compromiso y comprensión, por lo que el vínculo será profundo. Escorpio también complementa bastante bien a Piscis, sobre todo alentándolos a mostrar más iniciativa y a salir de su zona de confort.

La naturaleza emocional de Piscis y su habilidad para los conceptos filosóficos se beneficiarán de las relaciones con los signos de tierra, porque estas personas tendrán una forma de mantener a Piscis con los pies en la tierra lo suficiente como para equilibrar las cosas. Con Piscis, el práctico Capricornio aprenderá a abrazar sus propios misterios internos, lo que despertará su interés introspectivo. A cambio, Capricornio puede ayudar a Piscis a articular y materializar muchos de los conceptos filosóficos que de otra manera serían difíciles de entender. Piscis está en polaridad con Virgo, lo que puede conducir a una fuerte atracción entre opuestos o a conflictos. Tauro es otra gran combinación para una relación fuerte, especialmente en lo que respecta a la pasión y el placer, que ambos signos buscan.

Piscis tendrá problemas para llevarse bien con la mayoría de las personas que caen bajo los signos de fuego. En pocas palabras, a Piscis le gusta la privacidad y, a menudo, necesitará retirarse y disfrutar de un poco de paz y tranquilidad. Al ser impulsivos y a menudo volátiles, los signos de fuego pueden causar mucho estrés y fricción en el mundo de Piscis. El asertivo Aries, el aventurero Sagitario y el amante de la atención Leo a menudo serán más problemáticos de lo que valen la pena desde el punto de vista de Piscis. La disrupción será menos extrema con signos de aire. Piscis puede encontrar a esas personas refrescantes y altamente estimulantes, pero es probable que incluso los signos de aire sean demasiado cambiantes y agitados para el gusto de Piscis. Con el tiempo, lo que inicialmente atrae a Piscis hacia uno de los signos de aire puede fácilmente convertirse en lo que hace que se separen.

Amor

Uno de los mayores dones de Piscis es que pueden construir una relación exitosa con casi cualquier persona si están motivados para esforzarse lo suficiente. Como discutimos anteriormente, no son compatibles con todos, pero quizás sean mejores para superar diferencias que otros signos. Piscis se enamora fácil e intensamente cuando conoce a la persona correcta.

Desde el momento que inicia una relación o incluso tan pronto como siente algo por la persona, Piscis se comprometerá por completo. Esto se debe a que Piscis generalmente tiene una actitud sensata con las relaciones. No quieren perder el tiempo con aventuras o juegos sin sentido, y prefieren ponerse a trabajar de inmediato, construyendo algo que sea valioso y duradero.

Los Piscis son muy emocionales y románticos, pero su verdadera profundidad emocional se demuestra en su habilidad para comprender las emociones de los demás, especialmente de los más cercanos a ellos. Tal vez, nadie compite con Piscis en lo que respecta a cuánto sacrificarían por la persona que aman. Prácticamente no hay mucho que no harían para proteger, apoyar y apreciar a su pareja. Es raro que Piscis haga o diga algo para dejar en claro a su pareja que quiere el mismo nivel de devoción, pero eso no significa que no lo quiera.

Otras Relaciones

Basándose en esto, no debería ser difícil para usted imaginarse cómo es Piscis con sus queridos amigos y familiares. Si bien es posible que no estén tan enfocados en construir un hogar como los Cáncer, Piscis sin duda tiene un nivel extraordinario de devoción por su familia. Esto va más allá de la familia inmediata con la que podrían estar viviendo. A Piscis le gusta pasar tiempo con parientes y otros miembros de la familia extendida, por lo que espera las reuniones con ansias.

Debido a su devoción, lealtad y especialmente debido a su gran empatía, los Piscis son muy valiosos como amigos. Incluso cuando tienen sus propios problemas, Piscis es la persona que va resolviendo todos los problemas de sus amigos, dándoles los mejores consejos y siempre disponible para al menos escuchar sus problemas. Las personas que tienen un amigo Piscis cercano podrían ahorrar el dinero que usarían en un terapeuta, a menos que sus problemas sean algo más que la tristeza. Esta naturaleza cariñosa y generosa es la razón por la que Piscis se olvida de sí mismo y de sus propios problemas.

Peor aún, hay quienes buscan explotar a Piscis por su bondad. Por lo tanto, es importante que el pez practique la asertividad. Esto es algo de lo que deben tener especial cuidado en el lugar de trabajo o en diversos emprendimientos de negocios. A menos que aprenda a hacer valer sus deseos de vez en cuando y luchar por lo que se merece, Piscis puede ser pasado por alto fácilmente, y perder muchas oportunidades en el trabajo.

Trabajo

La creatividad y las habilidades sociales son quizás las principales fortalezas de Piscis más valoradas en el trabajo. Dependiendo del trabajo en cuestión, estas cualidades pueden ser de gran ayuda. Sin embargo, lo que está casi garantizado es que Piscis agradará en su trabajo porque son amables y fáciles de tratar. En general, Piscis se beneficiará de un trabajo que le permita tener cierta libertad para improvisar y ser creativos. A Piscis le irá bien en trabajos que dependan de la creatividad y la imaginación. Pero el pez disfrutará ayudando, sanando y apoyando a otros. Si bien Piscis no disfruta de una rutina estricta, tampoco les irá bien en trabajos arriesgados, de ritmo rápido o estresantes.

Piscis debe esforzarse para encontrar su trabajo perfecto. Algunos Piscis tendrán suerte en ese sentido, mientras que otros tendrán que hacer todo lo posible para adaptarse y comprometerse, al menos hasta cierto punto. La tercera opción, que Piscis elige a veces, es esencialmente crear su propio trabajo. Si pueden adaptarse a un horario agitado, a Piscis les irá bien como enfermeras, médicos u otro personal de salud. Es el cuidado de otras personas lo que atrae a Piscis a la atención médica y los hace adaptarse. Los Piscis a menudo se involucran en varias formas de terapia privada o individual.

Llevarse Bien con un Piscis

Como puede ver, llevarse bien con un Piscis no es difícil. Incluso siendo una cara completamente nueva, puede tener conversaciones personales significativas con Piscis. Le dará el tiempo y lo escucharán como si se conocieran desde hace años, y le dará los mejores consejos que pueda. Además de eso, también están más que dispuestos a ayudar a extraños con acciones concretas, de ser necesario. La disposición de Piscis para expresar libremente lo que realmente siente y piensa, ya sea positivo o negativo, también contribuye a la facilidad de interacción con este signo.

Hay dos problemas potenciales en la interacción entre Piscis y otras personas. El primero, que ya hemos discutido en profundidad, es que pueden regalar más de lo que reciben. Esta también es una de las pocas cosas de las que no hablarán abiertamente. En aras de la justicia y la bondad, es su deber asegurarse de no aprovecharse de Piscis, ya sea un amigo, compañero de trabajo o pareja romántica. El segundo problema es su naturaleza soñadora, por la cual a veces se centran más en ideas y sueños abstractos que en acciones. Esto puede ser un problema en el lugar de trabajo, pero no es nada que no pueda resolverse mediante una conversación.

Conclusión

Una vez que domine bien cada uno de los conceptos básicos de los signos, tendrá un nuevo conjunto de herramientas que le ayudarán a trazar un poco mejor su camino por la vida. Tanto las situaciones como las personas con las que se encuentre tendrán mucho más sentido cuando sabe una o dos cosas sobre las fuerzas sutiles e invisibles que nos influyen a todos tras bambalinas.

Además de toda la información sobre cada uno de los doce signos y cómo impactan en la personalidad de la gente, algo más que debe aprender de este libro es que la astrología no implica un determinismo estricto. Las influencias astrológicas que hemos discutido son en su mayoría solo eso: influencias. Pueden poner a un alma recién nacida en un camino determinado, pero las elecciones que hace esta persona y el esfuerzo que pone más adelante, aún pueden determinar el resultado.

La información que ha obtenido de este libro debería ayudarlo a comprender mejor lo que hay detrás de algunas virtudes y defectos que ve en usted mismo y en otros. Lo mismo se aplica a muchos de esos aspectos irracionales de nuestras vidas, acciones y respuestas a las experiencias, ya sean positivas o negativas.

Las interpretaciones astrológicas no pretenden desanimarlo o hacerlo renunciar a intentar cambiarse a sí mismo y a mejorar su vida. Muy al contrario, esta sabiduría ancestral le ayuda en su camino hacia el logro de sus metas, convirtiéndose en la mejor versión de usted mismo, y enriqueciendo su vida con las personas con las que es compatible. Espero que también lo ayude a comprender las relaciones que no puede elegir, entre usted y los miembros de su familia, al menos un poco mejor. Sin embargo, algunas cosas, especialmente las personas, están fuera de nuestro control, y la astrología le ayudará a aceptar eso de una manera sana y constructiva.

Vea más libros escritos por Mari Silva

Referencias

7 Ways Understanding Your Zodiac Sign's Element Can Affect Your Horoscope. (n.d.). Bustle. https://www.bustle.com/life/7-ways-the-element-of-your-zodiac-sign-affects-your-life-why-its-so-important-to-understand-8728690

https://www.astrology.com/zodiac-signs/aries

Aquarius: Aquarius Sign Dates, Traits & More. (2017, September 25). Astrology.Com.

https://www.astrology.com/zodiac-signs/aquarius

Aries Zodiac Sign Facts, Traits, Money and Compatibility | SunSigns.Org. (2019, February 19). Sun Signs. https://www.sunsigns.org/aries-zodiac-sign/

astrologer, M. H. M. H. is an, Reader, T., & Hall, author of "Astrology: A. C. I. G. to the Z." our editorial process M. (n.d.-a). Retrieved from https://www.liveabout.com

Cabral, C. (n.d.-a). https://blog.prepscholar.com/

Cancer Sign: Cancer Zodiac Dates & Traits. (2017, September 25). Astrology.Com. https://www.astrology.com/zodiac-signs/cancer

Cancer Zodiac Sign Facts, Traits, Money and Compatibility | SunSigns.Org. (2019, February 21). Sun Signs. https://www.sunsigns.org/cancer-zodiac-sign/

Douglas, M. (n.d.). The Fundamental 6 Pisces Traits, Explained. Blog.Prepscholar.Com. Retrieved from https://blog.prepscholar.com/pisces-traits

Faragher, A. K. (n.d.). Each Zodiac Sign's Unique Personality Traits, Explained by an Astrologer. Allure. Retrieved from https://www.allure.com/story/zodiac-sign-personality-traits-dates

February 29, 2020, & Stapleton, D. (n.d.). Capricorn Zodiac Sign: Characteristics, Dates, & More. Www.Astrology.Com. Retrieved https://www.astrology.com/zodiac-signs/capricorn

Gemini Zodiac Sign Facts, Traits, Money and Compatibility | SunSigns.Org. (2019, February 21). Sun Signs. https://www.sunsigns.org/gemini-zodiac-sign/

Leo: Leo Zodiac Sign Dates, Traits & More. (2017, September 25). Astrology.Com. https://www.astrology.com/zodiac-signs/leo

Leo Zodiac Sign Facts, Traits, Money and Compatibility | SunSigns.Org. (2019, February 21). Sun Signs. https://www.sunsigns.org/leo-zodiac-sign/

Libra Sign Dates, Traits, & More. (2017, September 25). Astrology.Com. https://www.astrology.com/zodiac-signs/libra

Logan, B. (n.d.-a). https://blog.prepscholar.com/aries-traits personality

May 14, 2020, & Stapleton, D. (n.d.). Scorpio Zodiac Sign: Characteristics, Dates, & More. Www.Astrology.Com. Retrieved https://www.astrology.com/zodiac-signs/scorpio

Muniz, H. (n.d.-b). The 7 Aquarius Traits You Need to Know. Blog.Prepscholar.Com. https://blog.prepscholar.com/aquarius-traits-personality

Muniz, H. (n.d.-c). The 7 Fundamental Cancer Traits and What They Mean for You. Blog.Prepscholar.Com. Retrieved https://blog.prepscholar.com/cancer-traits-personality

Pisces Zodiac Sign Facts, Traits, Money and Compatibility | SunSigns.Org. (2019, February 22). Sun Signs. https://www.sunsigns.org/pisces-zodiac-sign/

Robinson, A. (n.d.-a). The 5 Fundamental Sagittarius Traits You Need to Know. Blog.Prepscholar.Com. https://blog.prepscholar.com/sagittarius-traits-personality

Robinson, A. (n.d.-b). The 8 Key Leo Traits: Your Guide to the August Zodiac Sign. Blog.Prepscholar.Com. https://blog.prepscholar.com/leo-traits-personality

Sagittarius Zodiac Sign Facts, Traits, Money, Compatibility | SunSigns.Org. (2019, February 22). Sun Signs. https://www.sunsigns.org/sagittarius-zodiac-sign/

Scorpio Zodiac Sign Facts, Traits, Money and Compatibility | SunSigns.Org. (2019, February 22). Sun Signs. https://www.sunsigns.org/scorpio-zodiac-sign/

Seigel, D. (2016). The 7 Fundamental Gemini Traits, Explained. Prepscholar.Com. https://blog.prepscholar.com/gemini-traits

Sun in Aquarius Sign: Meaning, Significance And Personality Traits | SunSigns.Org. (2014, September 15). Sun Signs. https://www.sunsigns.org/sun-in-aquarius/

Taurus Zodiac Sign Facts, Traits, Money and Compatibility | SunSigns.Org. (2019, February 21). Sun Signs. https://www.sunsigns.org/taurus-zodiac-sign/

Virgo Zodiac Sign Facts, Traits, Money and Compatibility | SunSigns.Org. (2019, February 21). Sun Signs. https://www.sunsigns.org/virgo-zodiac-sign/

What Does Your Sun, Moon, and Rising Sign Really Mean? (n.d.). Mindbody. https://explore.mindbodyonline.com/blog/wellness/what-does-your-sun-moon-and-rising-sign-really-mean

What's The Difference Between Your Sun, Moon & Rising Signs? An Astrology Explainer. (n.d.). Bustle. https://www.bustle.com/p/whats-the-difference-between-your-sun-moon-rising-signs-astrology-explainer-38066

www.ingramcontent.com/pod-product-compliance
Lightning Source LLC
Chambersburg PA
CBHW071903090426
42811CB00004B/726